동물학대의 사회학

Understanding Animal Abuse: A Sociological Analysis
By Clifton P. Flynn

동물학대 연구는 왜 중요한가?

동물학대의 사회학

UNDERSTANDING ANIMAL ABUSE

A SOCIOLOGICAL ANALYSIS

| 차 례

동물학대와 인간폭력이 맺는 관계

이 책은 내가 지난 15년 이상 연구한 동물학대와 그것이 인간 폭력과 맺는 관계에 대한 내용을 모은 것이다. 본래 나의 관심 분야는 가족사회학, 특히 '가정 내 폭력'과 '친밀한 관계'였다. 1996년에 지금은 고전이 된 캐럴 J. 애덤스의 《육식의 성정치*The Sexual Politics of Meat*》를 아내가 내게 권했다. 여성에 대한 착취와 동물에 대한 착취 간의 상호 연계성을 너무 훌륭하게 설명한 이 책은 나로 하여금 동물에 대한 윤리적 처우의 문제에 관심을 갖게 했다. 결국 나는 육식을 포기하게 되었고, 새로 품게 된 개인적 관심사와 본업인 학문을 연결하는 과정에서 동물학대와 가정폭력 사이의 관계를 검토하게 되었다. 이 여정에서 캐럴 J. 애덤스를 친구라고 부를 수 있는 행운을 보너스로 얻었다.

이 책은 15년 남짓 내가 써 온 여러 연구물에 기반을 둔 것으로, 과거에 학술지에 발표한 글들을 다듬고 새로운 내용을 추가하여 상당 부분을 구성했다. 구체적인 목록은 아래와 같다.

National Council on Family Relations, "Why Family Professionals Can No Longer Ignore Violence toward Animals," in *Family Relations*, 2000, 49, 87-95 (chapters 1, 2, and 6).

Purdue University Press, "A Sociological Analysis of Animal Abuse," in F. R. Ascione (ed.), *International Handbook on Animal Abuse and Cruelty: Theory, Research and Application*, 2008, 155-174 (chapters 2, 5, and 6).

Brill Publishers, *Society & Animals*, "Acknowledging the 'Zoological Connection': A Sociological Analysis of Animal Cruelty," 2001, 9, 71-87 (chapters 2 and 6).

Sussex Academic Press, "Women-Battering, Pet Abuse, and Human-Animal Relationships," in A. Linzey (ed.), *The Link between Animal Abuse and Human Violence*, 2009, 116-125 (chapter 5).

Springer Science+Business Media: *Crime, Law and Social Change*, "Examining the Links between Animal Abuse and Human Violence," 2011, 55, 453-468, Copyright © 2011, Springer Science+Business Media B.V. (chapters 3, 4, and 6).

인간동물학Human-Animal Studies이라는 흥미진진한 영역을 걷고 있는 내게 존경스럽고 훌륭한 멘토가 되어 준 이들이 있다. 켄 샤피로, 프랭크 아시온, 캐럴 J. 애덤스, 앤드루 린지, 피어스 번, 데이비드 니버트, 레슬리 어바인, 할 헤르조그, 잰 앨저와 스티브 앨저는 내 연구를 위해 기꺼이 지지와 조언, 좋은 기회를 제공해 주었다. 내게 소중한 친구이자 훌륭한 조언자가 되어 준 이들에게 진심으로 감사한 마음이다. 나의 첫 번째 책《사회적 존재 Social Creatures》에 이어 또 한 번의 출판 기회를 준 랜턴북스, 출판 전에 원고를 읽고 값진 피드백을 제공해 준 피어스 번, 레슬리 어바인, 트레이시 스미스-해리스, 엘리자벳 잭, 꼼꼼하게 교정을 봐 준 캐롤린 고셋에게도 고마움을 전한다.

마지막으로 내게 사랑과 지지를 보내 주는 가족에게 감사의 마음을 표하고 싶다. 내게 항상 영감을 주고 삶을 가르쳐 주는 너희가 정말 고맙다. 두 발로 걷는 아이 해리슨과 클레이, 그리고 네 발로 걷는 아이 브렛, 테디, 사라와 (지금은 이 세상에 없는) 마야, 밥, 애나벨에게.

1

동물학대 연구가
중요한 이유

▼

동물에 대한 학대는 매우 빈번히 발생하고 그 면모가 충격적인 데다 인간과 동물 모두에게 부정적인 결과를 초래한다. 그런데도 1990년대가 되기 전까지 동물학대 문제는 사회학자, 범죄학자, 사회복지학자, 가족학자 등 학계 연구자들의 주목을 거의 받지 못했다.

동물학대에 대한 초기 연구는 1970년대 후반과 1980년대에 주로 문제를 일으키는 청소년과 폭력범죄 수형자를 임상표본으로 삼아 이루어졌다. 이 연구들은 대체적으로 개인적, 정신병리적 관점으로 동물학대를 정신질환 및 성격결함의 증거, 그리고/또는 향후 범죄의 예측변수로 간주했다. 그런데 1990년대에 들어 동물학대 및 그것이 다른 형태의 폭력과 맺는 관계에 관한 경험적 연구가 양과 질 모든 면에서 급격히 성장했다. 그 결과 사회학자, 범죄학자, 사회복지학자, 심리학자, 법학자, 여성학자 등의 연구자는 동물학대가 학문적 주목을 받아야만 하는 이유가 많음을 깨달았다.

이 장에서는 우선 동물학대가 무엇인지 정의하고, 왜 지금까지 동물에 대한 폭력이 학자와 전문가 모두로부터 무시되어 왔는지 살펴볼 것이다. 또한 연구자, 법률 및 정신건강 전문가, 정책입안자 그리고 이 사회가 동물학대를 주목해야 하는 이유에 대해 알아볼 것이다.

동물학대의 정의

동물학대가 무엇인지 정의하는 것은 힘들지만 중요한 작업이다. 어떻게 정의하느냐에 따라, 일 년에 수십억 마리씩 비참한 환경에서 죽음을 맞는 농장동물, 과학실험 때문에 고통을 겪으며 죽어 가는 수백만 실험동물이 동물학대에 포함될 수도 안 될 수도 있기 때문이다. 사냥 등 사회적으로 용인되는 기타 합법적 폭력 또한 마찬가지이다(동물학대의 정의를 둘러싼 여러 문제는 6장에서 더 깊이 다룬다).

이 책에서는 일단 '개인' 또는 '소집단'이 저지르는, 보다 직접적이고 의도적인 학대행위에 대한 이해에 초점을 맞추었다. 즉, 프랭크 아시온(Ascione, 1993, p. 28)이 제안한 "동물에게 의도적으로 불필요한 고통 그리고/또는 죽음을 야기하는, 사회적으로 용인되지 않는 행위"라는 정의를 사용한다.

개인에 의한 것이든 제도에 의한 것이든 '법적·사회적으로 용인되는' (이를테면 사냥, 동물실험, 공장식 축산 같은) 관행은 이 정의의 동물학대에서 제외된다. 또 동물에게 해로운 결과를 초래하더라도 그것이 '의도적이지 않은' 행위라면 이 정의의 동물학대에서 제외된다. 한편 이 정의가 규정하는 고통에는 '신체적 고통'과 함께 '(예컨대 못살게 굴기teasing 같은) 정서적 또는 심리적 고통'이 포함되며, '하지 말아야 할 것을 하는 것commission' 외에 '해야 할 일을 하지 않는 것omission(예컨대 음식과 물을 주지 않는 것)' 역시 학대 행위에 포함된다.

동물에 대한 폭력은 왜 무시되어 왔나

과거 학자들이 동물학대 문제에 주목하지 않은 이유는 무엇일까? 알루크와 루크(Arluke and Luke, 1997)는 다음과 같은 네 가지 이유가 있다고 설명한다.

- **첫째, 사회는 인간에 비해 동물의 가치를 낮게 평가하는 경향이 있다.** 따라서 동물에 대한 학대 및 폭력 행위가 심각한 문제로 받아들여지지 않는다. 알루크와 루크는 1975년부터 1996년까지 매사추세츠 주에서 동물학대 행위로 기소된

사례를 검토했는데, 유죄판결을 받은 건수는 전체의 절반도 되지 않았다(이중 3분의 1에게 벌금형, 10분의 1에게 징역형이 선고되었고, 상담이나 사회봉사 명령을 받은 건수는 그보다 더 적었다).

- **둘째, 다른 이슈가 더 중요하게 여겨지기 때문이다.** 학자나 대중이나 대부분 동물학대 문제를 재산문제 같은 것으로 여기며, 인간에 대한 폭력만이 '진정한' 사회문제라고 생각한다.

- **셋째, 소수의 사례만 미디어를 통해 보도되기 때문에 대중은 동물학대를 드문 일로 인식한다.** 앞의 연구에 따르면, 동물학대 행위로 기소된 268건의 사례 중 겨우 5퍼센트만이 언론을 통해 보도되었다.

- **넷째, 동물을 향한 범죄는 '정신적으로 문제가 있는' 개인이 벌인 독립적 사건으로만 여겨질 뿐, 또 다른 행위(예컨대 인간에 대한 폭력 등) 및 더 큰 사회문화적 요인과 연결되는 현상으로 받아들여지지 않는다.**

이상의 이유 외에, 나는 다음과 같은 내용을 추가한다.

- (사냥, 어업, 동물실험, 육식 등) 대규모로 벌어지는, 사회적으로 용인된 형태의 동물폭력이 사회적으로 용인되지 않는 폭력을 향한 무관심에 기여한다. 사회적으로 용인되는 체계적 동물학대가 종교·과학·정부 등 강력한 제도에 의해 뒷받침되고 동물을 위한 목소리가 지나치게 감정적이고 비이성적인 모습으로 여겨지는 상황에서, 지금껏 학자들이 관련 연구를 기피해 온 것은 전혀 놀랄 만한 일이 아니다.

- 마지막으로, 동물(그리고 인간 유아)은 체계적 차별과 착취의 피해자로 스스로 목소리를 낼 수 없는 유일한 존재이다. 이 침묵 덕분에 학자와 전문가를 포함한 우리는 모두 그들이 처한 곤경 및 그것이 우리의 삶과 맺는 연관성을 더 쉽게 무시해 버린다.

동물학대를 주목해야 하는 이유

다음의 일곱 가지 이유 때문에 동물학대가 중요한 문제로 다루어져야 한다[이와 비슷한 주장으로, 사회복지사들을 위해 작성된 페이버와 스트랜드의 글(Faver and Strand, 2008) 참조].

- 첫째, 동물학대는 심각한 반사회적 행동으로, 문제를 일으키는 청소년이나 폭력, 약물중독 등의 문제를 안은 가정을

찾아내는 데 도움을 줄 수 있다. 동물학대를 무시하는 것은 폭력을 장려하고 심리적 문제를 방치하는 결과로 이어질 수 있다.

- 둘째, 동물학대는 비교적 흔하게 일어나는 일이다. 여러 연구에 따르면 아동의 절반가량이 동물을 학대하는 상황에 노출된 바 있으며, 적게 잡아도 전체 아동의 5분의 1가량은 스스로 동물학대를 저지른 경험이 있다.

- 셋째, 동물을 해치는 행위는 부정적 발달의 결과와 연관될 수 있다. 동물학대는 행동장애 징후 중 하나이며, 공감의 억제 및 왜곡이 원인 또는 결과가 될 수 있다.

- 넷째, 동물학대는 가정폭력의 지표일 수 있으며, 가해자의 상당수가 가정폭력의 피해자이기도 하다. 여성을 학대하는 이는 가정 내 반려동물 역시 학대한다는 연구자들의 보고가 계속되고 있다.

- 다섯째, 동물학대는 비폭력범죄뿐 아니라 다양한 유형의 인간폭력과도 연결되어 있다.

- 여섯째, 잠재적 피해동물의 수가 어마어마하다. 반려동물만

살펴보더라도, 미국의 경우 3분의 2가량의 가구에서 반려동물을(약 1억 6000만 마리의 개와 고양이를) 기르며, 아이가 있는 집보다 반려동물이 있는 집의 수가 더 많다.

- 일곱째, 동물학대의 종결은 모든 형태의 폭력을 종결하는 데 중요한 한 걸음이 된다.

동물학대는 심각한 반사회적 행동이다

동물에 대한 폭력은 모든 사회 구성원에게 부정적 결과를 초래할 수 있다는 점에서 다른 반사회적 행동과 마찬가지로 부모, 교육자, 임상의, 정책 입안자들이 관심을 가져야 하는 행위이고, 동물에 대한 가해, 위협, 고문, 살해는 모두 심각하게 받아들여야 하는 부당행동이다. 또한 동물학대는 또래 괴롭힘과 청소년 비행 등 다른 유형의 반사회적 행동과도 연관된 형태로 아이에게서도 발견된다(이 연관성에 관한 더 자세한 내용은 3장 참조).

기타 반사회적 행동과 유사하게, 동물학대 가해자들은 또래집단으로부터 그 행위에 대한 보상을 받고는 한다. 특히 남성의 경우 자신의 남성성을 증명하는 방법으로 동물에게 폭력을 사용하는 경향이 있다.

다시 한 번 동물학대 행위로 매사추세츠 주에서 기소된 사례를 보면, 청소년 범죄자들의 절반가량이 집단 형태로 범죄를 저질렀음을 알 수 있다. 결국 부모가 자식의 동물학대 행위를 하찮고 가

벼운 문제로 여기고 바로잡지 않는다면, 또 집의 개를 발로 차거나 길거리 개를 총으로 쏘는 등의 학대행위를 장려하거나 그러한 모습을 직접 보인다면, 그것은 자식의 폭력 및 기타 반사회적 행동을 촉진하는 것일 뿐 아니라 그들의 심리적 문제를 외면하고 불법행위를 저지르도록 용납하고 유도하는 것이나 마찬가지이다.

본Vaughn과 그의 동료들은 알코올 및 관련 병태에 관한 전국 역학조사NESARC(National Epidemiologic Survey on Alcohol and Related Conditions) 자료를 분석하여, '전국 대표표본nationally representative sample'을 사용해 성인의 동물학대 행위를 설명하는 연구를 발표했다. NESARC는 전국 대표표본인 18세 이상의 미국인 4만 3,093명을 대상으로 2001~2002년에 실시된 조사이다. 연구자들은 동물을 학대해 본 적이 있는 사람과 한 번도 학대해 본 적이 없는 사람을 비교하여, 다른 31개의 반사회적 행동과 그 경험이 갖는 관계를 조사했다. 그 결과, 살아오면서 동물학대를 한 적이 있다고 대답한 사람이 그렇지 않은 사람보다 31개 '모든 종류의' 반사회적 행동을 유의미하게 더 많이 저지른 것으로 나타났다. 동물을 학대한 적이 있는 사람은, 특히 체포대상이 되는 반사회적 행동(실제 체포 유무와는 상관없이)을 많이 저질렀다. 동물학대와 반사회적 행동 사이에서 가장 깊은 연관성이 드러난 항목은 강도, 도둑질, 방화, 괴롭힘, 위협이었다.

따라서 아동, 청소년, 성인에 의해 저질러지는 동물폭력은 분명 심각하게 받아들여져야 하는 문제이다. 동물학대를 중요한 문제로 받아들이면 문제를 일으키는 청소년과 성인 범죄자를 찾아 그들이 속한 가정과 커뮤니티를 도울 수 있을 것이다.

놀라울 정도로 흔히 발생하는 아동기의 동물학대

여러 연구에 따르면 아동기 동안 동물학대가 놀라울 정도로 많이 이루어짐을 알 수 있다. 미국 중서부 지역(Miller and Knutson, 1997), 남동부 지역(Flynn, 1999a, 1999b), 서부 지역(Henry, 2004) 대학생을 대상으로 한 연구에 따르면, 어릴 적에 동물학대 행위를 했거나 목격한 바 있는 학생이 절반가량이고, 최소 한 번 이상 동물학대를 실제로 저지른 적이 있는 학생이 약 20퍼센트이다. 연구는 가장 심각한 다섯 항목의 동물학대 행위에 대해서만 조사했는데 항목을 다르게 했다면 수치는 더 높게 나왔을 것이다. 다섯 항목은 반려동물 살해, 야생동물 및 떠돌이 동물 살해, 고통을 야기하는 상해 및 고문, 동물에 대한 성적 접촉, 동물을 대상으로 한 섹스였다.

내가 조사했던 남동부 지역 대학생들은 어린 시절 떠돌이 동물을 죽이거나 동물에게 고문 또는 상해로 고통을 주는 학대를 가장 많이 저질렀다. 그리고 (2장에서 더 자세히 다루겠지만) 여성보다 훨씬 많은 수의 남성이 동물학대 상황을 경험했다. 남성은 3명 중 2명이 동물에 대한 학대행위를 하거나 목격한 바 있었고, 여성의 경우 40퍼센트만이 같은 응답을 했다. 본인이 직접 동물학대를 저질렀는지에 관한 질문에서는 성차가 더 크게 벌어졌다.

남성 응답자의 경우 34.5퍼센트가 직접 동물을 학대했고, 여성의 경우에는 9.3퍼센트에 불과했다. 동물학대 상황을 경험한 적이 있다고 응답한 학생 중 여성은 4명 중 3명이 목격만 했을 뿐이지만 남성은 2명 중 한 명이 직접 학대행위를 저질렀다.

어린 학생을 대상으로 진행한 연구에서 드러나는 동물학대 비율은 더 높다. 9세에서 17세 사이의 이탈리아 아동 및 청소년을 대상으로 한 볼드리(Baldry, 2003)의 연구에 따르면 60퍼센트 이상이 동물학대를 목격했다. 또 조사대상의 절반가량은 직접 학대행위를 한 적이 있는데, 그중 남성의 비율이 여성의 두 배에 달했다. 이후 9세에서 12세의 아동을 대상으로 이루어진 연구에서는 5명 중 2명의 응답자가 동물을 학대한 바 있다고 답했고, 마찬가지로 여성(36퍼센트)보다 남성(46퍼센트)의 가해 경험이 더 높았다.

어린 학생들이 응답한 학대 경험률이 대학생보다 높은 이유는 다음과 같다. 첫째, 어린 학생을 대상으로 한 설문조사 항목에는 더 미묘하고 덜 극단적인 형태의 학대행위가 포함되어 있었다. (어린 학생들에게 제시한 동물학대의 종류는 동물을 괴롭히거나bothering, 해를 입히거나harming, 고통을 주거나tormenting, 가혹하게 대하거나being cruel, 구타하는hitting 것이었다). 둘째, 어린 학생일수록 더 가까운 시기의 학대행위를 보고하는 셈이므로 대학생보다 더 많이 기억하고 있을 수 있다.

앞에서 언급한, 유일하게 전국 대표표본을 사용한 본 등(Vaughn et al., 2009)의 연구를 보면, 이들이 이용한 NESARC에서는 단

하나의 항목으로 동물학대가 측정되었다. "당신은 살아오면서 고의로 동물 또는 반려동물을 다치게 하거나 가혹하게hurt or be cruel 대한 적이 있습니까?" 이 항목에 '그렇다'고 대답한 비율은 1.8퍼센트였다. 이 수치를 그대로 받아들인다 하더라도, 2002년 조사 당시 미국의 성인 인구가 2억 1500만 명(U.S. Census Bureau, 2006)이었음을 고려할 때 무려 400만 명에 달하는 성인이 인생의 어떤 시점에 동물을 고의로 학대한 경험이 있는 것이다.

정리하면 전체 아동의 40~60퍼센트(남자 아이의 경우 3명 중 2명가량)가 동물학대 상황을 경험했고, 특히 20~50퍼센트의 아동(남자 아이의 경우 3명 중 1~2명가량)은 직접 학대행위를 저질렀다고 볼 수 있다. 이처럼 어떤 행위가 사회적으로 만연해 있고 그것이 반사회적 행동이자 잠재적 가해행위라면, 이는 분명 학자와 전문가들이 주의를 기울여야 하는 문제일 것이다.

부정적 발달과 동물학대의 관계

1987년 미국정신의학회American Psychiatric Association는 '정신장애 진단 및 통계 편람'의 3번째 개정판(DSM-Ⅲ R)을 발간하며, 행동장애의 진단기준이 되는 증상의 목록에 '동물에 대한 신체적 학대'를 추가했다(Ascione, 1993). 편람에 따르면 행동장애의 핵심적 특징은 "타자의 기본적 권리를 침범하고 나이에 걸맞은 사회의 규범이나 규칙을 어기는 지속적인 행동양식(American Psychiatric Association, 1987, p. 53)"으로 정리될 수 있는데, 그 일환으로 사람과 동물 모두에 대한 신체적 폭력 및 학대가 종종 발견된다. "(행동장애가 있는) 아동은 냉담한 행동에서 보이는 바와 같이 타자의 느낌, 바람, 안녕에 대해서는 관심이 없고 죄책감이나 후회 같은 적절한 감정을 잘 느끼지 못할 수 있다(p. 53)."

이후 동물학대를 행동장애와 관련 지은 몇몇 아동 관련 연구가 발표되었고(e.g., Guymer, Mellor, Luk, and Pearse, 2001; Luk, Staiger, Wong, and Mathai, 1999), 반사회적 인격장애 같은 다른 진단을 통해 이를 설명한 연구도 발표되었다(Gleyzer, Felthous, and Holzer, 2002). 앞에서 소개한 바 있는 성인 대상의 대규모 조사(Vaughn et al., 2009)에 따르면 동물학대는 알코올사용장애, 병적 도박, 행동장애, 반사회적 인격장애, 그 밖의 몇몇 인격장애(강박성·편집성·연극성 성격장애) 등 일련의 정신장애와 유의미한 연관성이 있었다. 이 연관성은 다수의 사회인구학적 변수(성별, 나이, 인종, 교육, 혼인 여부, 소득수준, 도시/농촌 거주 등) 통제하에서 확인된 것이다.

아동의 동물학대와 관련된 행동장애의 하위유형으로 바로 냉담-무정서 특질callous-unemotional traits을 들 수 있는데, 이는 정신병질 및 공감결핍과도 관련 있는 것으로 연구자들의 주목을 받았다(Ascione and Shapiro, 2009). 취학연령 아동을 대상으로 한 연구(Dadds et al., 2004)에 따르면 냉담-무정서 특질 점수가 높을수록 동물학대 행위도 높아졌다.

부정적 발달의 여러 잠재적 결과가 동물학대 행위와 연관이 있을 수 있는데, 그중 특히 주목받은 것은 공감의 억제와 왜곡이다 (Ascione, 1992, 1993). 더 작고 힘없는 존재를 학대할수록 다른(인간 또는 동물) 생명이 느끼는 감정에 대해서는 더 쉽게 무시할 수 있다. 타자와의 공감불능은 행동장애(냉담하게 무시하거나 후회를 하지 않는 등의) 증상과 일치하는 방식으로 타자를 대하게끔 할 수 있다. 만약 동물학대가 공감발달을 저해한다면, 그가 타자와 맺는 상호작용은 불쾌하고 기분 나쁜 것을 넘어 폭력적인 것이 될 수 있다.

동물학대 상황에의 노출은 아동의 심리적 결과뿐 아니라 신체적 안전에도 위협이 된다. 내가 조사한 남동부 지역 대학생들의 응답결과에 따르면, 전체 응답자의 5명 중 1명(그리고 동물살해를 목격한 4명 중 3명)은 누군가 동물을 죽이려고 총을 사용하는 모습을 목격한 적이 있다. 총을 사용한 가해자 중 많은 수가 친구, 이웃, 아버지였다. 총기에 자유롭게 접근하고 사용하는 행위는 동물학대를 목격하는 아이도 위험하게 만든다. 또 떠돌이 개를 죽인 적이 있는 학생의 절반이 당시에 총을 사용했다고 답했다. 이들은 분명 개뿐 아니라 사람까지 해칠 수 있었다.

동물학대는 가정폭력의 지표가 된다

가정폭력 연구는 가정 내에서 다양한 형태의 폭력이 복합적으로 발생한다는 점을 지속적으로 밝혀 왔다. 따라서 가정 내 동물학대가 아동학대나 파트너 학대 등 다른 가정폭력 발생의 지표가 될 수 있다는 사실은 전혀 놀라운 일이 아니다. 드구와 드릴로(DeGue and DeLillo, 2009)의 최근 연구는 동물학대와 가정폭력 사이의 연관성을 잘 보여 준다. 미국 서부와 중서부 지역의 대학생 860명을 대상으로 진행한 조사에 따르면, 아동기 시절 동물학대를 목격하거나 저지른 적이 있는 학생 중 60퍼센트가 아동학대나 부모 사이의 폭력을 경험한 바 있었다. 동물을 학대한 적이 있다고 가장 많이 응답한 자는 (성적/신체적으로 학대받았거나 방치되었던) 학대의 피해 당사자였다.(덧붙여 타인의 동물학대를 목격한 적 있는 학생이 본인 스스로도 동물을 학대한 경우는 그것을 목격한 적 없는 학생보다 8배나 높았다.)

흥미로운 것은, 가정폭력 경험이 있는 응답자 중 동물학대 상황도 경험한 적이 있는 이들의 비율은 30퍼센트가량이었다는 점이다. 따라서 드구와 드릴로는 동물학대가 (그 반대의 경우보다 더) 가정폭력의 신뢰도 높은 지표가 된다는 결론을 내렸다. 동물학대와 가정폭력의 관계는 3장에서 더 자세히 다룰 것이다.

아동기의 동물학대는 인간폭력과 연관된다

몇몇 연구는 아동기의 동물학대와 아동기 또는 성인이 되고 난 후의 인간폭력 사이의 관계에 주목했다. 예를 들어, 폭력범죄 수형자의 경우 비폭력범죄 수형자 및 비수형자에 비해 어린 시절에 동물학대를 더 많이 저질렀다. 이 책의 3장에서는 동물학대가 다른 형태의 폭력과 함께 발생하는 문제에 대해, 4장에서는 동물학대 행위가 이후 인간에 대한 폭력으로 이어지는지의 여부를 검토할 것이다. 결국 아동기의 동물학대 발생을 통해 알아낼 수 있는 것은 문제 있는 어떤 개인에 관한 정보나 (가정 내에서 벌어지고 있을지 모를) 다른 형태의 폭력에 대한 정보뿐만이 아니다. 누가 타인에 대한 폭력을 저지르고 있는지, 또 앞으로 저지를 수 있는지를 예측하는 데에도 도움을 줄 수 있다.

동물을 향한 폭력이 인간폭력과 관련이 있다면, 그것은 폭력에 대한 허용적 태도와도 연관성이 있을 수 있다. 남동부 지역 대학생의 응답에 따르면, 어린 시절에 동물을 학대한 적이 있다고 답한 학생일수록 가정 내 인간폭력의 사용에 찬성하는 경향이 있었다(Flynn, 1999a). 어렸을 때 엉덩이를 맞은 빈도, 성서문자주의 biblical literalism(성서는 신의 말을 그대로 옮긴 것이라는 믿음), 인종, 성별 등 여러 변수를 통제하여 분석한 결과, 동물을 학대했던 학생은 아이의 엉덩이를 때리는 행위에 대하여 더 호의적인 것으로 나타났다. 또한 어렸을 때 동물을 학대한 적이 있는 학생은 그렇지 않은 학생보다 더 많이, 남편이 아내의 뺨을 때려도 괜찮을 수 있다고 답했다. 동물학대 행위와 가정폭력에 관한 태도 사이의 이런 연관성을 고려할 때, 동물에 대한 폭력과 가정폭력이 종종 함께 발생한다는 점은 전혀 놀랄 만한 일이 아니다.

반려동물은 가정 내에서 폭력의 희생양이 된다

미국반려동물용품협회American Pet Products Association의 집계에 따

르면 2010년 기준으로 미국의 7290만 가구(62퍼센트)가 고양이 8600만 마리, 개 7800만 마리를 포함한 반려동물과 함께 살고 있다(American Pet Products Association, 2011). 연구에 따르면, 사람들은 대부분 반려동물을 가족으로 생각하고 그들과 강한 정서적 애착관계를 맺는다(Albert and Bulcroft, 1988; Cain, 1983; Carlisle-Frank and Frank, 2006; Cohen, 2002; Siegel, 1993). 많은 경우 반려동물은 이혼, 재혼같이, 특히 힘든 시기나 스트레스를 받는 인생의 전환기에 가족에게 애정과 지지를 보내 주는 중요한 존재이다. 그러나 자녀가 생기는 등의 상황에서는 추가적인 스트레스 요인으로 받아들여지기도 한다(Albert and Bulcroft, 1988). 둘 중 어느 쪽이든 반려동물은 가족 구성원이라는 지위로 인해 폭력에 더 취약한 존재가 된다고 가정폭력 연구는 지적한다.

월시(Walsh, 2009)에 따르면 미국의 아동 중 4분의 3 이상이 반려동물과 함께 생활하며, 이는 부모와 함께 사는 아동의 수를 뛰어넘는다. 양친 가정의 아이보다 한부모 가정의 아이가 반려동물과 더 강한 유대를 맺으며(Bodsworth and Coleman, 2001), 반려동물과 가장 강한 애착관계를 맺는 이들은 형제자매가 없는 아이들인 것으로 드러났다(Walsh, 2009). 도시에 사는 반려인들을 대상으로 한 앨버트와 벌크로프트(Albert and Bulcroft, 1988)의 연구에 따르면, 아이가 취학연령이거나 10대 청소년일 때 반려동물을 가장 많이 입양했다. 이 시기가 처음으로 동물학대를 하거나 목격했다고 응답한 연령대와 일치하는 것은 아마 우연이 아닐 것이다.

30여 년 전, 반려동물이 위험한 상황에 노출되어 있음을 처음으로 지적한 사람은 비버스(Veevers, 1985)이다. 그녀는 반려동물이 가정 내에서 담당하는 기능 중 하나가 바로 적enemy으로서의 역할 대행이라고 주장했다. 그러니 반려동물이 가족 구성원으로부터 폭력을 당할 가능성은 분명했다. 비버스는 반려동물이 '희생양'으로 신체적 피해를 입거나, 아니면 다른 가족 구성원을 통제하고 정서적으로 학대하기 위한 수단으로 위협당하거나 해를 입을 수 있다고 생각했다. 또한 반려동물에 대한 폭력이 향후 인간폭력을 위한 훈련 역할을 할 수 있다는 가설도 내놓았다.

동물학대의 종결은 모든 폭력의 감소에 중요한 한 걸음이 된다

인간이 왜 동물을 학대하는가에 관한 정보는 모든 폭력을 종결시키기 위한 전략의 필수 요소이다(Arluke and Luke, 1997). 아시온(Ascione, 1993)은 동물을 향한 폭력이 인간폭력과 맺는 관계를 우리가 더 많이 이해할수록, 폭력의 예방 및 대처를 위해 기울이는 노력의 효과도 그만큼 더 커진다고 주장한다. 솔롯(Solot, 1997)의 말대로 "모든 생명이 존엄과 존중의 대우를 받는, 폭력 없는 사회를 추구하는 작업이 성공하기 위해서 우리는 모든 형태의 폭력에 대하여 더 잘 이해해야 한다. 우리에게는 해야 할 일이 많다(p. 264)."

다른 유형의 폭력 연구와 달리, 지금까지 동물학대 연구의 동기는 그것이 인간에 대한 폭력과 연관된다는 점뿐이었다(Arluke,

2002; Piper, 2003; Solot, 1997). 그러나 동물학대는 (다른 모든 형태의 인간폭력과 마찬가지로) 타인에 대한 폭력과 맺는 관련성과 상관없이 그 자체로서 관심을 가져 마땅한, 중요한 문제이다. 솔롯은 이야기한다.

> 모든 유형의 폭력 간에 연계성이 존재함을 인정하는 바로 그 순간, 우리는 각각의 폭력이 갖는 중요성을 무시하지 않도록 주의해야 한다. 자신의 아이를 때리는 여성, 여자친구를 강간하는 10대 소년, 고양이를 불태워 죽이는 청소년 등 이들 모두에게 관심을 기울여야 하는 것은 그들이 '다른 생명other living beings'을 대상으로 끔찍한 폭력을 저질렀기 때문이지, 그들이 언젠가 더 나쁜 행동을 할 수 있기 때문이 아니다(Solot, 1997, p. 262).

토론하기

1. 동물학대를 각자 정의해 보자.
2. 아동학대의 피해가 동물에 대한 가해로 연결될 수 있는 이유는 무엇일까?
3. 동물에 대한 폭력과 인간에 대한 폭력이 서로 연관된다고 생각하는가? 동물에 대한 폭력의 종식은 세상을 더 안전한 곳으로 만들 수 있을까? 그렇다면 또는 그렇지 않다면, 그 이유는 무엇인가?

2

동물학대에 관한
사회학적 접근

폭력과 학대의 개인적·정신병리적 모델 vs. 사회적·문화적 모델

1960~70년대의 초기 가정폭력 연구를 보면 대부분 정신의학적 혹은 정신병리학적 모델을 채택하고 있다. 아내나 아동을 학대하는 자를 정신적으로 문제가 있거나 정신질환이 있는 사람으로 보는 이 모델은 가정폭력을 개인의 특성에 초점을 맞추어 설명한다. 사회적 요인인 젠더, 나이, 사회적 위치, 사회와 가정 내에서의 폭력에 허용적인 사회의 규범이나 태도 등은 거의 언급하지 않았다.

그러나 저명한 가정폭력 연구자인 머리 스트라우스(Murray

Straus, 1980)와 리처드 겔러스(Richard Gelles, 1993, 1997)가 지적한 바와 같이, 개인적 설명은 매력적이긴 하지만 가정폭력을 설명하기에 적절치 못한 방법이다. 이유는 다음과 같다.

우선 가정폭력의 정신병리적 모델은 사람들로 하여금 가장 극한적인 학대 사례에만 집중하도록 하고, 가해자를 가학적이고 미친 괴물 같은 존재로 정형화하며, 병리적 전형에 맞지 않는 특성과 행동을 보이는 가해자를 외면하도록 한다. 이는 '우리와 다른 사람들'이 저지르는 문제로 인식하게 한다(Gelles, 1993, p. 40).

둘째, 학대자가 정신질환이 있는 사람이라는 관념은 순환논증 사고로 이어진다. 학대행위가 설명의 대상이자 설명을 위한 요인 둘 다가 되어 버리는 것이다. 다음과 같은 식이다.

A : 그 사람은 왜 아내를 때린 거지?

B : 미쳤으니까!

A : 그걸 어떻게 알아?

B : 자기 아내를 때렸으니까!

셋째, 임상의들은 심리적 프로파일만으로 학대자와 비학대자를 구별해 내는 데 실패했다. 스트라우스(Straus, 1980)는 정신질환으로 설명 가능한 학대사건은 전체의 약 10퍼센트에 불과하다고 추산했다.

이와 유사한 패턴은 동물학대 연구가 처음 시작되던 때에도 반복되었다(Arluke, 2002; Beirne, 1999; Flynn, 2001, 2008; Piper, 2003). 1960~70년대 가정폭력 연구의 초기와 흡사하게, 동물학대에 관한 초기 연구 역시 정신의학적 모델을 적용했다. 연구자들은(많은 수가 임상의였다) 가해자를 성격적 결함이 있는 존재로 인식했다.

동물학대에 관한 많은 연구가 여전히 이런 식으로 접근하고 있다. 알루크(Arluke, 2002, p. 405)에 따르면, "최근까지 동물에 대한 폭력의 이해는 심리학자만의 분야로 남아 있었다. 그들의 접근방식은 동물학대를 범죄자의 정신병리적 문제가 반영된 충동행위로 바라본다." 파이퍼(Piper, 2003) 역시 이러한 비판에 동의하며, 최근 동물학대와 인간폭력 간의 연관성에 관한 연구의 폭발적 증가가 "대부분 심리적 방향성을 띤 채 무비판적으로 진행되고, 동물학대가 병리적이고 더 사악한 무언가를 드러내는 행위라는 전제를 깔고 있다(p. 163)"라고 주장한다. 이러한 전제를 지배담론으로 하는 접근방식은 우리의 지식과 이해를 제한하고, 결과적으로 동물학대의 사회적 맥락은 최근까지도 거의 간과되어 왔다.

가정폭력과 마찬가지로, 동물학대를 개인적 차원으로만 설명하는 것은 부족하다. 동물학대는 의심할 바 없는 사회적 현상으로 사실상 언제나 인간의 상호작용과 관계의 맥락 속에서 발생한다. 동물을 향한 위협이나 상해가 학대 남성이 여성 파트너를 통제하기 위하여 저지르는 것이든, 부모로부터 학대받은 아이가 저지르는 것이든, 10대 소년이 자신의 남성다움을 증명하기 위하여, 또래에게 강한 인상을 주기 위하여, 사회적 또는 개인적으로 거부를 경험하고 분노를 표출하기 위하여 저지르는 것이든 간에 동물학대는 우리가 타인과 맺는 관계와 필연적으로 연관되어 있는, 또 그 관계를 분명히 드러내 보이는 행위이다. 동물학대는 개인의 특성만으로는 충분히 이해할 수 없다. 우리는 사회제도나 문화적 규범 등을 포함한 사회적 요인까지 함께 검토함으로써 사람들이 왜 동물을 학대하는지 더 잘 이해할 수 있다.

사회구조와 동물학대

젠더와 동물학대의 연관성

동물학대 요인 중 가장 일관성 있는 것은 아마 젠더일 것이다. 자료의 출처가 공식기록이든(e.g., Arluke and Luke, 1997; Coston and Protz, 1998), 임상표본이든(e.g., Ascione, Friedrich, Heath, and Hayashi, 2003), 대학 학부생이든(e.g., Flynn, 1999b; Henry, 2004), 취학연령의 아이든(e.g., Baldry, 2003, 2005; Gullone and Robertson, 2008) 나이나 국적과 상관없이 가해자의 압도적 다수는 남성이다.

한 가지 예외는 호딩hoarding이다. 호딩은 수동적 형태의 동물학대로 감당하지 못할 과도한 수의 동물을 기르며 열악한 환경에 방치하는 것이다. 이런 환경 속에서 동물은 병에 걸리고 굶주리며 행동문제와 죽음을 겪는다. 호더의 4명 중 최소 3명이 여성인 것으로 추정된다. 일반적으로 중년 이상이고, 파트너와 사별했거나 이혼했으며, 독거인일 가능성이 높다(Patronek, 1996, 2008).

알루크와 루크(Arluke and Luke, 1997)는 1975~1996년 매사추세츠 주에서 동물학대로 기소된 모든 사례를 조사했는데, 그 결과 전체 가해자의 97퍼센트가 남성이었다. 이는 남성이 여성보다 유의미하게 더 많은 범죄를 (폭력범죄는 특히 더) 저지른다는 여타 범죄학 연구결과와 부합한다. 흥미롭게도 이 사례의 고발인은 대부분 여성이었다.

대학 학부생을 대상으로 한 연구들에서도 여성에 비해 유의미하게 더 많은 남성이 아동기에 동물학대를 저지른다는 점이 확인되었다(Flynn, 1999a, 1999b; Henry, 2004; Miller and Knutson, 1997). 남학생들은 동물학대를 더 많이 저질렀을 뿐 아니라 더 많이 목격하기도 했다. 내가 조사한 연구에서 동물학대를 저지른 적이 있다고 대답한 남성 응답자의 비율이 여성 응답자에 비해 4배 가까이 높았다(34.5퍼센트 vs. 9.3퍼센트). 남성 응답자의 3명 중 2명이 동물학대 행위를 저질렀거나 목격한 바 있다고 대답했고, 같은 대답을 한 여성은 40퍼센트였다. 동물학대를 경험한 적이 있다고 대답한 여성 응답자의 4명 중 3명은 단지 목격만 했지만 남성은 절반가량이 동물을 직접 학대했다.

헨리(Henry, 2004)의 연구에서 드러나는 동물학대의 젠더 격차는 한층 더 크다. 아동기에 동물학대를 한 적이 있다고 응답한 남자 대학생의 수는 여자 대학생에 비해 10배나 높았다(35.1퍼센트 vs. 3.3퍼센트). 동물학대를 목격했던 경험 역시 남성이 더 많았다

(64.9퍼센트 vs. 39.1퍼센트).

아동과 청소년을 대상으로 한 연구에서도 남성의 학대가 두드러진다. 이탈리아의 9~17세 사이의 아동 및 청소년 1,392명을 대상으로 한 볼드리(Baldry, 2003)의 조사결과, 응답 대상 소년의 3분의 2가 동물학대를 저지른 적이 있었다. 그리고 볼드리가 조사한 모든 종류의 학대(괴롭힘bothering, 고통 주기tormenting, 해를 입히기harming, 가혹하게 대하기being cruel, 구타hitting)에 대하여, 소년의 참여율이 소녀에 비해 두세 배가량 높았다. 호주의 청소년 조사에서도 비슷한 결과가 보고되었다(Gullone and Thompson, 2008).

동물학대 행위에서 드러나는 이러한 성차를 어떻게 설명할 수 있을까? 남성 사회화와 남성이 사회에서 차지하는 지배적 위치, 이 두 가지가 남성의 동물학대에 일조하고 있는 것으로 보인다. 소년은 남성성과 관련된 사회화 과정을 통해 지배와 공격성을 학습하며 동시에 공감은 최소화된다. 여기에 남성이 지배적 위치를 차지하는 사회구조적 요인이 결합되면 지배를 유지하기 위하여 폭력을 이용하고 타자의 감정을 더 쉽게 무시할 수 있게 된다. 따라서 동물과 인간 모두에 대한 남성 폭력의 비율이 높은 것은 놀라운 일이 아니다.

동물의 권리와 복지에 관한 일반 대중의 태도를 살펴보면, 여성이 남성보다 분명히 더 호의적이라는 것을 알 수 있다(Herzog, Betchart, and Pittman, 1991; Peek, Bell, and Dunham, 1996; Pifer, 1996). 이는 여성 사회화와 사회구조의 영향을 포함한 여러 요인에 기인한 것으로, 그들이 갖게 되는 관계지향성(및 공감과 돌봄의 중시)이 동물에게까지 확장된 것일 수 있다. 또한 종속집단의 성원으로서의 지위가 여성들로 하여금 동물에 대한 인간지배를 포함, 모든 형태의 지배에 반대하는 경향으로 이끄는 것일 수도 있다(Peek, Bell, and Dunham, 1996).

나이와 동물학대의 연관성

다른 종류의 범행과 마찬가지로, 동물학대 범죄를 가장 많이 저지르는 연령대는 청소년 후기와 성인 초기이다. 앞에서 소개한 매사추세츠 주 연구의 경우 가해자의 평균 연령은 30세였다. 전체 사례의 4분의 1을 조금 넘는 수가 10대였고, 절반 이상(56퍼센트)이 30세 이하였다(Arluke and Luke, 1997).

알루크와 루크(1997)는 가해자의 연령과 피학대동물의 종류 및 학대방식 사이의 관계도 밝혀냈다. 성인의 경우 개를 상대로 총을 쏘는 방식이 특히 많았다. 청소년은 고양이를 많이 희생시켰고, 가장 흔한 학대방식은 구타였다. 아마도 이러한 차이는 연령에 따른 지위와 관련이 있을 것이다. 성인 남성은 총기 사용에 자유로운데, 가정과 재산 등을 지켜야 한다는 의무감으로 고양이보다 개를 더 심각한 위협으로 받아들일 수 있다. 반면 10대 소년의 경우 특정 목적을 위한 도구적 폭력instrumental violence보다 표현적 폭력expressive violence의 가능성이 높다. 단지 표출적 행위로서 해를 가하는 것 자체가 학대의 목적이 될 때는 고양이처럼 작은 동물을 더 선호하게 된다.

아동 및 청소년을 대상으로 진행된 연구를 봐도 동물을 향한 범죄가 연령과 관련이 있음을 알 수 있다. 9~17세 사이의 이탈리아 학생을 대상으로 한 볼드리(Baldry, 2003)의 연구에 따르면 나이가 많은 아이일수록 동물을 학대할 가능성이 더욱 높았다. 일반적으로 초등학교(10.4~28.1퍼센트), 중학교(13.8~36.9퍼센트), 고등학교(18.6~42.3퍼센트)를 거치며 학대비율이 점점 더 높아짐을 확인할 수 있다. 걸론과 로버트슨(Gullone and Robertson, 2008) 역시 호주 청소년을 대상으로 한 연구에서 이와 유사한 결과를 얻어냈다. 이 자료들은 어린 아이에 비해 나이 많은 아이에게 동물을 학대할 기회가 더 많다는 점을 보여 준다.

사회경제적 지위와 동물학대의 연관성

다양한 유형의 가정폭력과 유사하게 동물학대는 모든 사회경제적 수준에서 발생한다. 하지만 동물학대자 중에는(이 또한 아동학대 및 아내학대와 유사하다) 사회경제적 지위가 낮은 이들의 수가 더 많다. 먼로(Munro, 1999)가 영국 사회의 수의사 관점에서 이러한 주장을 펼친 바 있고, 본 등(Vaughn et al., 2009)은 연 가정수입이 낮은(3만 5,000달러 이하) 이들의 동물학대율이 상대적으로 높다는 결과를 발표했다.

대학생을 대상으로 한 나의 연구에서, 고졸 미만 학력의 아버지를 둔 응답자들이 과거 동물을 학대했던 비율은 더 높은 학력의 아버지를 둔 응답자보다 두 배 높았다. 반면 어머니의 교육수준은 어릴 적 본인의 동물학대 경험과 연관이 없었다. 한편, 아버지의 직업지위(블루칼라 노동자 vs. 화이트칼라 노동자)는 학생들의 동물학대 행위 비율에 별다른 영향을 미치지 않았다. 그런데 블루칼라 직에 고용된 어머니를 둔 학생들은 화이트칼라 직에 종사하거나 직업이 없는 어머니를 둔 학생보다 어릴 적 동물을 학대한 경험이 두 배가량 높았다. 이는 어머니의 직업지위가 그 가정의 사회경제적 지위의 지표 역할을 하는 경우가 많기 때문일 것이다. 즉, 어머니가 블루칼라 직에 종사하는 경우 그 가정은 더 낮은 계급일 가능성이 높으며, 그런 상황에서는 동물에 대한 학대가 더 많이 나타나는 것으로 생각할 수 있다.

아동 사회화와 동물학대의 연관성

■ 가정폭력의 영향

가정 안에서는 다양한 유형의 가정폭력이 빈번히 발생하며, 특히 아동기에 가정에서 경험한 폭력은 성인이 된 후의 폭력 사용과 관련이 있다(Gelles, 1997). 아동의 사회화 과정에는 가정 내 폭력이 포함되기 때문에, 그들은 인간에 대한 폭력과 마찬가지로 동물에 대한 학대도 학습하게 된다(더 깊은 논의는 3장 참조).

처음으로 가정폭력과 반려동물학대 사이의 관계를 설명한 드비니 등(DeViney, Dickert, and Lockwood, 1983)의 연구에 따르면, 아동학대 발생이 확인된 뉴저지 주의 가정 중 88퍼센트에서 동물에 대한 신체적 학대 또한 이루어졌다. 동물학대자의 3분의 2는 아버지였고, 나머지는 아이들이었다. 이후 더 자세히 논의하겠지만 본인이 폭력의 피해자인 아이, 부모 간 폭력을 경험한 아이, 동물학대 부모를 둔 아이일수록 본인이 동물을 가해할 가능성 또한 높아진다는 사실이 후속 연구(Baldry, 2003, 2005; Henry, 2004; Thompson and Gullone, 2006)를 통해 드러났다.

■ **또래집단의 영향**

또래peer 역시 동물학대와 연관된 사회화의 중요한 행위주체이다. 이탈리아의 취학 아동 및 청소년을 대상으로 한 볼드리(Baldry, 2003, 2005)의 연구에 따르면, 또래친구가 동물에게 폭력을 가하는 모습을 목격한 학생일수록 그렇지 않은 학생보다 동물학대를 저지를 가능성이 높았다. 전반적으로 아이들의 동물학대에 있어서 가장 중요한 예측변수는 어머니와 또래친구의 동물학대였다.

동물을 해치는 것은 소년들이 또래집단에게 자신의 남성성을 드러내 보이고 증명함으로써 그들로부터 인정받을 수 있는 한 가지 방식이기도 하다. 앞에서 소개한 매사추세츠 주 연구에 따르면, 성인 범죄자에 비해 훨씬 더 많은 청소년 범죄자들이 타인과 함께한 자리에서 동물을 학대했다. 성인 범죄자 8명 중 7명이 혼자서 동물을 학대한 반면, 미성년자의 경우 거의 절반가량(48퍼센트)이 집단 속에서 동물을 학대했다(Arluke and Luke, 1997).

권력, 불평등과 동물학대의 연관성

인간 중심 사회에서 인간은 동물에 대해 완전한 권력을 누린다. 이미 다른 형태의 폭력을 통해 알게 된 바와 같이, 폭력은 가정과 사회 내에서 더 큰 힘을 가진 자(주로 남성)가 힘이 더 약한 자(주로 여성, 아동, 동물)에게 저지르는 경우가 많다. 가해자들은 여성, 아동과 마찬가지로 자기보다 더 작고 약한 동물(개, 고양이, 토끼, 새, 설치류, 파충류 같은 소동물)을 희생자로 선택하는 경향이 있다(Arluke and Luke, 1997; Coston and Protz, 1998; Flynn, 1999b). 이런 동물은 주변에 많을 뿐더러 반항해도 가해자에게 피해를 줄 수 없기 때문에 표적이 된다. 범죄자 중 동물이 위험해서, 자신을 공격했기 때문에 해친 거라고 말하는 사람은 소수에 불과하다.

이러한 힘과 권력의 (사회적·법적·윤리적) 불균형 때문에 동물은 보통 도덕적 고려대상이 될 가치가 없는 존재로 받아들여진다. 법적으로 동물은 재산으로 간주되며, 동물의 권리보다 항상 앞서는 것이 재산 소유주의 권리이다. 이러한 동물의 지위가 그들을 쉬운 학대의 표적으로 만든다. 동물을 어떻게 대우할 것인지, 어떤 동물이 법적 보호를 받을 가치가 있는지, 어떤 동물학대가 사회적으로 '용인될 만하고acceptable', '불가피한지necessary'에 대한 법과 규범을 정하는 것은 인간이다. 동물학대가 큰 문제가 되지 않고, 동물학대가 끊이지 않는 것은 인간이 누리는 지배적 지위 때문이다. 동물은 체계적인 차별과 착취의 희생자면서 자신을 위해 스스로 목소리를 내지 못하는 유일한 존재이다. 요컨

대 인간이 누리는 우월한 신체적·법적·사회적 지위가 동물학대
에 이바지하고 있다.

사회제도와 동물학대의 연관성
■ 가정

오랜 기간 이루어져 온 가정폭력 연구들에 따르면, 가정만
이 갖는 독특한 특성이 가족 구성원 간의 폭력 발생에 기여한다
(Gelles and Straus, 1988). 특히 높은 수준의 상호 의존성, 불평등,
프라이버시(사생활 또는 그것을 침해받지 않을 자유 및 권리)는 가정
내에서 폭력이 발생할 가능성을 높이며, 이런 점에서 겔러스와
스트라우스(Gelles and Straus, 1979)는 가정을 '폭력이 일어나기 쉬
운 상호작용 환경violence-prone interaction settings'이라고 표현했다.

앞에서 밝힌 바 있듯, 미국에는 아이가 있는 가구보다 반려동
물이 있는 가구의 수가 더 많으며 아이가 있는 집들도 반려동물
을 키우는 경우가 더 많다. 동물과 함께 사는 이들의 압도적 대다
수가 그들을 가족 구성원으로 간주하고 있음을 많은 연구가 지속
적으로 밝혀 왔다(Albert and Bulcroft, 1988; Cain, 1983; Carlisle-
Frank and Frank, 2006; Cohen, 2002; Siegel, 1993). 하지만 불행히
도, 반려동물은 가족 구성원으로서의 지위 때문에 학대에 취약한
존재가 되기도 한다. 가정 내에서 경험하게 되는 여러 스트레스
(반려동물에게서 받는 스트레스 포함) 또한 동물과 인간 가족 구성원
을 향한 폭력의 원인이 될 수 있다.

■ 형사사법체계

미국의 50개 주 전 지역에 학대방지법이 존재하기는 하지만, 동물을 보호하고 범죄를 억제하는 데 있어 효과는 미약하다(Arkow, 1999; Francione, 1996; Lacroix, 1999). 이 법들이 본래 동물을 보호하기 위해서가 아니라 타인(의 재산권 침해)으로부터 인간을 보호하기 위해 제정된 것이기 때문이다. 동물은 항상 재산으로 간주되어 왔고 따라서 그들은 법적 지위legal standing를 갖지 못하는 존재이다.

뿐만 아니라, 법조계는 다음과 같은 몇 가지 이유로 동물학대와 관련된 각종 법의 제정 및 집행을 주저해 왔다. (a) 동물에 대한 사회의 양면적 태도, (b) 학대를 규정하는 문제의 어려움, (c) 대부분의 위반 사례가 경범죄에 속하기 때문에 적극적으로 이루어지지 않는 기소, (d) 주에서 동물보호단체들에게 집행권을 위임할 정도로 부족한 집행 자금 및 인력(Kruse, 2002; Lacroix, 1999).

1975년에서 1996년까지 매사추세츠 주에서 동물학대 행위로 기소된 268건의 사례 중 유죄판결을 받은 비율은 절반에도 미치지 못하는 44퍼센트에 불과했다. 어떠한 형이 선고되었는지 살펴보면 우선 유죄판결을 받은 사건의 3분의 1에 벌금형이 내려졌고, 각각 5분의 1에 달하는 사건에 대해서는 배상 명령과 보호관찰 명령, 각각 10분의 1에 달하는 사건에 대해서는 징역형과 상담 명령, 마지막으로 7퍼센트의 사건에 사회봉사 명령이 선고되었다(Arluke and Luke, 1997). 재판에 회부되었다는 점에서 사실상 매우 심각한 동물학대에 속하는 사례들이었음에도 불구하고 죄질에 비해 너무 약한 판결을 받았다.

미국 노스캐롤라이나 주의 동물학대 고발사례를 통해서도 비슷한 결과를 확인할 수 있다(Coston and Protz, 1998). 1996년 노스캐롤라이나의 샬럿/메클렌버그 카운티에 접수된 958건의 고발사례 중 27퍼센트는 근거 불충분이었다. 근거가 인정된 나머지 사례 중 75퍼센트는 최소 한 번의 고발이 있었고, 15퍼센트는 두 번, 10퍼센트는 세 번에서 아홉 번의 고발이 있었다. 그러나 이 중에 구속으로 이어진 것은 고작 (모두 동물싸움animal fighting과 관련된) 6건에 불과했고, 오직 한 건만이 재판을 통해 유죄판결을 받아 피고인이 징역형을 받았다. 가해자로부터 동물을 압수한 사례는 전체의 5퍼센트에 불과했고, 형사소환이 된 경우는 거의 없었다. 경찰의 활동은 대부분 그들에게 제안을 하거나 보호자 교육을 시도하거나 추가방문을 하거나 경고를 하는 선에서 그쳤다.

기소도 잘 되지 않고 유죄판결은 드문 데다 그렇게 된다 하더라도 최소한의 형이 내려지는 상황에서, 동물에 대한 폭력이 계속 발생하는 것은 전혀 놀랄 만한 일이 아니다. 가정의 프라이버시와 재산권을 중시하고 보호하는 미국의 역사적 유산과 결합되어 있는 이 현실이 의미하는 바는, 법적으로 동물이 누군가의 재산으로 간주되는 한 동물의 권리는 (많은 경우 그들의 학대자이기도 한) 인간 소유주의 권리를 넘어서지 못한다는 것이다.

하지만 동물학대 문제가 과거에 비해 더 심각한 문제로 받아들여지고 있다는 태도변화의 증거 또한 확인할 수 있다. 최근 몇 년 간 동물학대 관련법이 강화되어, 과거에는 경범죄에 속했던 일부 학대행위가 이제는 많은 주에서 중범죄가 되었다. 1995년에는 중범죄 수준의 동물학대 관련법이 있는 주가 10곳도 되지 않았 다. 하지만 2000년에는 그 수가 31곳으로 늘어났고(Ascione and Lockwood, 2001), 2011년에는 47개 주가 일부 동물학대 행위를 중범죄로 처벌할 수 있는 법을 갖게 되었다.[*]

문화적 태도, 규범과 동물학대의 연관성

동물에 대한 우리의 태도 중 가장 일관성 있는 특성은 바로 비 일관성이다. 많은 사람들이 동물에 대하여 서로 모순되고 상충하 며 역설적인 태도를 갖고 있다(Arluke and Sanders, 1996; Rowan, 1992). 예컨대 여러 설문조사 결과에 따르면, 미국인의 다수는 동 물이 고통 없이 살아야 하고 인류와 비슷한 도덕적 고려의 대상 이 되어야 한다고 생각하지만(e.g., Agnew, 1998) 동시에 동물에 게 가장 큰 고통을 안기는 (육식과 동물실험 같은) 관행 역시 옳다 고 생각하며 지지한다.

역사적으로 서양의 철학과 종교적 전통은 동물을 '인간man'의 착취대상으로 구성하면서 그들에 대한 실용적 시각을 강화해 왔

---

[*] 현재는 미국 50개 주 전 지역에서 동물학대를 중범죄로 처벌하는 것이 가능하 다. - 옮긴이.

다(Singer, 1990). 유대-기독교 전통은 인간이 다른 동물보다 우월한 존재이며 그들에 대하여 '통치권dominion'을 갖는다고 주장한다. 이러한 인간중심적 시각은 동물을 힘없는 존재에 머물게 하고 착취와 학대 앞에 더 취약한 존재가 되도록 한다. 호주의 기독교 교파에 관한 한 연구는 흥미롭게도 더 보수적인 교파의 성원일수록 동물에 대해 덜 인도적인 태도를 견지한다는 점을 밝혀냈다(Bowd and Bowd, 1989).

아리스토텔레스로부터 아퀴나스를 지나 데카르트 시기에 정점에 달한 서양철학 전통의 동물관이 그동안 강조해 온 바는 그들이 도덕적 지위가 없는, 인간보다 낮은 존재라는 것이다. 도덕 공동체 내에서 동물을 근본적으로 삭제하는 이러한 입장은 동물에게 일련의 능력이나 특질(영혼, 이성, 말하고 고통을 느낄 수 있는 능력 등)이 없음을 강조함으로써 정당화된다. 예컨대 데카르트적 시각으로 볼 때 동물은 고통을 느끼지 못하는 기계에 불과하고, 따라서 도덕적 고려를 받을 가치가 없는 존재이다. 유대-기독교적 관점과 데카르트적 이원론은 서로 결합하여 오늘날까지도 사람들의 태도에(동물의 고통을 더 쉽게 무시하고 그들에게 고통을 더 수월히 가할 수 있도록) 영향을 미치고 있다.

앞에서 지적한 바와 같이, 가장 많은 동물에게 가장 막대한 해를 가하고 있는 관행은 대부분(공장식 축산, 동물실험, 제품 테스트, 사냥, 덫 놓기 등) 합법이다. 이 관행은 미국 국민이 대부분 지지할 뿐 아니라 종교·과학·정부 등 강력한 사회제도에 의한 이데올로

기적·재정적 지지 또한 받고 있다. 동물에 대하여 사회적으로 용인된 대규모의 폭력은 용인되지 않는 폭력(동물학대)의 발생가능성을 높이는 데도 기여할 수 있다.

마지막으로, 특정 종의 동물에 편견을 갖는 문화적 태도 때문에 발생하는 동물학대도 있다. 일례로 고양이는 종종 문화적 편견의 희생자가 된다. 어린 시절 가혹한 동물학대를 저지른 바 있는 공격적 성향의 범죄자 16명을 대상으로 한 펠트하우스와 켈러트(Felthous and Kellert, 1987)의 연구에서, 그들로부터 온갖 학대를 받고 가장 많이 희생된 것으로 밝혀진 동물 역시 고양이였다.

토론하기

1. 동물을 학대하는 자는 '병든' 또는 '미친' 사람일 것이라는 사고방식이 갖는 한계는 무엇일까?

2. 동물학대와 관련된 사회적 요인으로 또 어떠한 것들이 있을까?

3. 반려동물과 함께 사는 사람은 대부분 그들을 가족으로 생각한다. 반려동물이 '가족'으로 여겨짐으로써 (일부의 경우) 학대의 위험에 더 많이 처하게 되는 이유는 무엇일까?

3

동물학대와
인간폭력의 연계

▼

의심의 여지없이 동물학대는 인간폭력(interpersonal violence)과 빈번히 연계되며, 이는 가정폭력과 범죄학 분야의 연구문헌을 통하여 분명히 밝혀진 사실이다. 이 장에서는 동물학대와 인간에 대한 폭력이 함께 발생하는 상황을 검토한다. 먼저 가정 내 여성과 아동에 대한 폭력, 그다음에는 다른 유형의 인간폭력(또래 괴롭힘, 청소년비행, 폭력범죄 등)이 동물학대와 함께 발생하는 상황을 살펴본다.

가정폭력과 동물학대의 관계

1990년대가 되기 전에는 가정폭력과 동물학대의 관계에 관한 대부분의 지식을 아내학대나 아동학대 기록 속 일화를 통해서 간접적으로만 접할 수 있었다(e.g., Gelles and Straus, 1988). 20여 년 전 보트(Boat, 1995)는 동물에 대한 폭력과 아동에 대한 폭력의 연계성에 관한 연구가 없음을 가리켜 아동학대 영역에서 '무시되어진 링크ignored link'라고 표현했다. 다양한 형태의 가정폭력을 다룬 기존 연구를 보면 (a) 이성커플(Browne, 1987; Dutton, 1992; Walker, 1979) 및 동성커플(Renzetti, 1992)의 여성 파트너, (b) 아동(DeViney et al., 1983), (c) 형제자매(Wiehe, 1990) 등에 대한 신체적 그리고/또는 성적 폭력이 발생하는 가정 및 관계 속에서 반려동물이나 비반려동물에 대한 폭력 또한 함께 발생해 왔음을 알 수 있다. 또한 보육(day-care) 환경에서의 성적 학대에 관한 연구는, 가해자들이 피해아동을 통제하고 겁주고 침묵시키기 위해 종종 아동의 반려동물을 해치거나 해치겠다고 위협했다는 점을 밝혀냈다(Faller, 1990; Finkelhor, Williams, and Burns, 1988).

가정폭력과 아동에 의한 동물학대

다른 형태의 폭력과 마찬가지로 아동기의 동물학대 행위는 친밀한 폭력intimate violence에의 노출 등 아동 사회화 과정과 연관된 문제임이 밝혀져 왔다. 아동에 의한 동물학대를 예측할 수 있는 가장 중요한 변수는 다음과 같다. (a) 신체적 또는 성적 학대의 피해 경험, (b) 부모간 폭력의 목격, (c) 부모나 또래친구의 동물가해 목격(Baldry, 2003, 2005; Henry, 2004; Thompson and Gullone,

2006). 그리고 또래 괴롭힘의 가해와 피해 경험 역시 아동의 동물학대로 연결되는 변수이다(Baldry, 2005; Gullone and Robertson, 2008; Henry and Sanders, 2007).

볼드리(Baldry, 2005)는 9~17세 사이의 이탈리아 아동 및 청소년 1,400여 명의 표본을 통해, 아이들의 동물학대가 가정폭력 및 타인의 동물폭력에 대한 노출 경험과 어떤 관계를 맺는지 조사했다. 조사대상의 50퍼센트가량이 동물을 학대한 적이 있었는데, 그들은 대부분 동물을 학대한 적이 없는 아이보다 가정폭력 및 부모나 또래친구의 동물학대 행위에 노출된 경험이 더 많았다. 남자 아이들의 경우 이러한 경향이 더 강하게 드러났다.

또 볼드리는 동물학대에 있어서, 가정폭력에 노출되면서 본인 역시 학대받았던 아이들(노출/피학대집단)과 가정폭력에 노출되었으나 본인은 학대받지 않은 아이들(노출되기만 한 집단) 간에 존재하는 차이에도 관심을 가졌다. 양쪽 집단 모두에서, 아이 본인에 의한 동물학대의 가장 중요한 예측변수는 남성이라는 젠더와 또래친구의 동물학대 목격 경험이었다. 그런데 '노출/피학대집단'의 경우 그다음으로 중요하게 나타난 예측변수가 동물과 아버지에 대한 어머니의 폭력이었던 반면, '노출되기만 한 집단'에서는 동물을 향한 어머니와 아버지의 폭력이 중요한 변수로 드러났다.

■ 타인의 동물학대 목격

동물학대의 목격 경험은 동물학대 행위의 주요 예측변수임이 분명하게 드러나고 있다. 앞서 소개한 바 있는 드구와 드릴로 (DeGue and DeLillo, 2009)의 연구에 따르면, 대학생 860명을 대상으로 조사한 결과 동물학대 범죄를 예측하기 위해 설정한 여섯 가지의 아동학대 및 가정폭력 유형 중 유의미한 요인으로 밝혀진 것은 '타인의 동물학대 목격'뿐이었다.

몇 년 전 호주에서 진행된 두 개의 연구(Gullone and Robertson, 2008; Thompson and Gullone, 2006)는, 동물학대를 목격한 바 있는 청소년들이 그렇지 않은 10대보다 그것을 실행할 가능성이 유의미하게 더 높음을 밝혀냈다. 그런데 12개의 중고등학교 학생 281명을 대상으로 한 톰슨과 걸론(Thompson and Gullone, 2006)의 연구에 따르면, 이는 청소년들이 목격한 동물학대가 부모, 형제자매, 친척, 친구에 의한 것일 때 성립되는 관계이다. 낯선 사람의 동물학대 목격은 그들 자신의 동물학대 실천 여부에 큰 영향을 미치지 않았다. 이는 연구자의 설명에 따르면 아이들이 본인과 가까운 사람의 행동을 본보기로 삼기 때문이다(학대자가 낯선 사람인 경우, 아이들은 자신이 어찌할 수 없는 상황에서 그냥 원치 않는 것을 목격하게 될 뿐이다). 호주의 중고등학교 세 곳의 학생 249명을 대상으로 한 두 번째 연구에서도 동물학대를 목격하는 것과 저지르는 것 사이의 유의미한 연관성이 다시 한 번 확인되었다. 이는 연령, 성별, 가족갈등의 변수 통제하에 나타난 결과이다(Gullone and Robertson, 2008).

타인의 동물학대를 목격하는 경험이 미치는 영향은 젠더에 따라 다르게 나타나는 것으로 보인다. 대학생을 대상으로 한 헨리 (Henry, 2004)의 연구에 따르면, 아동기에 동물학대 행위를 목격한 적이 있는 남성은 그렇지 않은 남성보다 동물에 '덜' 호의적인 태도를 갖는 반면, 타인의 동물학대를 본 적이 있는 여성은 그렇지 않은 여성보다 동물에 '더' 호의적인 태도를 갖고 있었다. 이 결과를 자신이 목격한 동물학대자가 가까운 사람인지 낯선 사람인지에 관한 문제와 함께 고려해 보면 모든 과정의 역학관계를 이해하는 데 도움이 될 수 있다. 아마도 남성은 자신과 가까운 (예를 들어 아버지나 또래친구 같은) 사람이 동물을 해치는 모습을 더 많이 목격할 것이고, 그러한 행동을 자신의 본보기로 삼으며 동물을 무시하는 태도를 갖게 되는 것으로 볼 수 있다. 이와 반대로 여성의 경우는 본의 아니게 낯선 사람의 동물학대를 목격하게 될 가능성이 높기 때문에 피해동물에 선뜻 공감하게 되는 것이라고 생각해 볼 수 있을 것이다.

동물학대에 관한 경험이 미치는 심리적 영향을 판단하기 위해, 나는 1990년대 말 대학생 응답자에게 동물학대를 목격했거나 직접 저질렀을 당시 얼마나 불편bothered하게 느껴졌는지, 그리고 지금은 어떻게 느끼는지를 물었다. 그 결과, 동물학대에 관한 경험으로부터 더 많은 영향을 받는 사람은 그것을 직접 자행한 학생보다 목격한 학생이었다. 타인이 동물을 해치거나 고문하는 행위의 목격은 사건 당시에나 현재에나 심리적으로 가장 부정적인 영향을 끼치는 경험이었다. 누군가가 동물을 해치거나 고문하는 것을 목격한 적이 있는 학생의 9명 중 8명이 당시에 약간(39.5퍼센트) 또는 많이(48.8퍼센트) 불편했다고 답했고, 4명 중 3명(73퍼센트)은 지금도 여전히 불편함을 느낀다고 답했다. 누군가 동물을 살해하는 것을 목격한 이들 중 약 70퍼센트는 당시 불편했다고, 그리고 절반가량은 아직도 그 경험 때문에 불편하다고 답했다.

본인이 동물을 학대했던 경우는 상황이 좀 다르다. 동물을 해치거나 고문한 적이 있다고, 또 떠돌이 동물을 죽인 적이 있다고 한 응답자의 절반가량이 자신의 행동 때문에 당시에도 불편했고 현재도 불편하다고 답했다. 이들은 본인의 행동으로 인해 학대 당시보다 그 이후에 영향을 더 많이 받는 것으로 보인다. 당시에 불편함을 느꼈다는 답변은 40퍼센트에 약간 못 미치는 정도였는데, 당시의 본인 행동에 현재 불편함이 느껴진다는 답변은 56.5퍼센트였다. 한편 동물을 죽인 적이 있거나, 해치거나 고문한 적이 있는 이들의 40퍼센트는 자신이 저지른 학대에 대해 그때도 불편하지 않았고 지금도 불편하지 않다고 답했다.

유의미한 수의 응답자가 동물학대에 관한 경험을 통해 (특히 그것을 목격하면서) 당시뿐 아니라 몇 년 뒤에도 심리적 또는 정서적 부담을 느낀다는 사실은 명백해 보인다. 그런데 아동기에 동물폭력을 직접 저지른 사람보다 그것을 목격한 사람이 심리적 영향을 더 많이 받는 이유는 무엇일까?

여기에는 서로 중첩되는 몇 가지 설명이 가능하다. 우선, 동물학대를 하는 아이들에게는 폭력으로부터 별다른 영향을 받지 않을 수 있게 하는 어떤 (예컨대 폭력에 관한 남성의 사회화 과정 같은) 특성이 있을 것이다. 두 번째로, 이들은 자신의 행동을 정당화할 필요성을 느끼기에 그것이 학대가 아닌 다른 의미의 행동이었다고 스스로 재규정한다(이 책의 5장에서 소개할 알루크(Arluke, 2002)의 일부 사례들처럼 말이다). 마지막으로, 동물학대를 목격하는 사람은 그 행위를 통제할 수 없는 상황에 처한다는 점을 들 수 있다. 어떤 경우는 목격자를 위협하고, 충격을 주고, 통제하기 위해 동물학대 행위가 이루어지기도 한다. 학대를 목격하고도 그것을 막기 위해 아무것도 하지 못하는 무력한 상황에 놓이게 되면 목격자가 받게 되는 심리적 영향은 더 악화된다.

반려동물학대와 여성학대

그동안 다수의 연구가 반려동물학대와 여성학대(woman-battering)* 사이에 분명한 연계성이 존재함을 밝혔다(Ascione, 1993; Ascione et al., 2007; Faver and Strand, 2003, 2007; Fitzgerald, 2005, 2007; Flynn, 2000a, 2000c; Strand and Faver, 2005). 그 자료에 따르면, 사는 지역을 불문하고 반려동물과 함께 사는 피학대 여성의 절반에서 4분의 3가량이 자신의 반려동물도 같은 학대자에게 위협받거나 상처입거나 살해당했다고 보고했다. 이 같은 결

---

* 저자는 남편 또는 친밀한 남성 파트너가 여성에게 가하는 다양한 형태의 폭력에 대해 'woman-battering'이라는 용어를 사용하고 있으며, 이를 우리말로 '여성학대'로 옮겼다. – 옮긴이.

과는 여러 다른 문화(e.g., Australia — Volant et al., 2008), 다른 민족집단(e.g., Hispanics — Faver and Cavazos, 2007) 내 여성에 관한 연구에서도 확인되었다.

그동안 피학대여성 쉼터 입소자에 대한 연구는 통제집단control group(연구되고 있는 주요 요인을 제외하고는 실험집단과 동일한 조건을 갖는 집단)을 사용한 조사를 거의 하지 않았다. 그러다가 몇 년 전 아시온 등(Ascione et al., 2007)이 쉼터를 이용하지 않는 같은 지역의 여성으로 비교집단을 구성한 연구를 진행했는데, 이 조사에서 비교집단에 비하여 11배나 많은 피학대여성이 자신의 반려동물이 위협받거나 학대받았다고 답했다(54퍼센트 vs. 5퍼센트).

1년 뒤 호주 연구자 역시 같은 연구결과를 발표했다(Volant et al., 2008). 그들은 폭력적 관계하에서 반려동물과 사는 피학대여성을 위한 기관 및 쉼터 이용자들의 경험을 이웃, 일터, 취미모임 등에서 모집한 피학대 경험이 없는 여성의 상황과 비교했다. 그 결과 가정폭력 피해자의 경우 절반이 조금 넘는 수(52.9퍼센트)가 자신의 반려동물도 학대를 당했다고 답했으나, 가정폭력을 겪지 않은 이들 중에는 반려동물학대를 보고한 이가 전혀 없었다. 자신의 반려동물을 학대하겠다는 위협을 경험한 비율은 가정폭력 피해여성이 8배가량 높았다(46퍼센트 vs. 5.8퍼센트).

반려동물학대와 여성학대 사이의 연관성을 조사한 첫 통제연구는 월튼-모스 등(Walton-Moss et al. 2005)에 의해 이루어졌다. 표본으로는, 1994~2000년 미국의 11개 대도시에서 발생한 친밀한 파트너 살인에 관한 연구의 통제집단에서 800명 이상의 여성을 선택했다. 이 연구는 최근 2년간 학대받은 경험이 있는 여성을 같은 대도시 지역에 살지만 학대받은 경험이 없는 여성으로 구성된 통제집단과 비교했다. 그 결과 친밀한 파트너 폭력의 가해자는 고등학교를 중퇴했고 마약이나 음주 문제가 있으며 정신건강 상태가 양호하지 않을 가능성이 컸는데, 뿐만 아니라 이들은 과거에 반려동물을 학대하거나 위협했을 가능성 또한 유의미하게 높았다.

또 연구자들은 대부분의 피학대여성들이 반려동물을 정서적 지지의 주요 원천으로 간주한다는 점을 알아냈다. 본인과 반려동물이 함께 학대를 당하는 여성, 아이가 없는 여성에게 특히 그랬다(Flynn, 2000a). 이 두 가지 요인은 피학대여성이 폭력적 관계를 빨리 떠나지 못하는 것에 대한 설명이 될 수 있다. 연구에 따르면, 피학대여성의 20퍼센트가량이 반려동물의 안전에 대한 우려 때문에 가해자인 파트너 남성을 떠나는 것을 미루었다. 반려동물도 파트너에게 학대당했다면 여성이 그에게서 떠나는 것을 미룰 가능성이 훨씬 더 높았다(Ascione et al., 2007; Flynn, 2000c). 그리고 자녀가 있는 여성보다 자녀가 없는 여성이 쉼터로 가는 것을 미룰 가능성이 더 높았다(Ascione et al., 2007; Faver and Strand, 2003).

여성과 반려동물에 대한 학대는 그것을 목격하는 자녀에게도 해를 끼친다. 아시온 등(Ascione et al., 2007)은 쉼터에 있는 여성의 자녀 중 61.5퍼센트가 반려동물학대를 목격했음을 밝혔다(쉼터 밖 아이들이 반려동물학대를 목격한 경우는 2.9퍼센트였다). 이와 비슷한 결과가 앞에서 소개한 호주의 연구에서도 확인된다[29퍼센트 vs. 0퍼센트(Volant et al., 2008)]. 두 연구는 모두 피학대여성 아이들의 동물학대율이 높다는 사실도 밝혀냈다[13퍼센트(Ascione et al., 2007), 19퍼센트(Volant et al., 2008)]. 아시온 등(Ascione et al., 2007)에 따르면 이는 일반적으로 나타나는 아동의 동물학대율보다 3배에서 5배가량 높은 비율로, 피학대아동이 보이는 비율에 근접한 것이다.

여러 형태의 폭력 및 반사회적 행동과 동물학대의 관계

동물학대는 가정폭력 외에 또래 괴롭힘bullying, 청소년비행, 각종 성인범죄 등 다른 형태의 인간폭력 및 반사회적 행동과도 연관된다.

또래 괴롭힘과 동물학대의 관계

최근의 연구는 또래 괴롭힘과 관련된 아동 및 청소년이(가해자와 피해자 모두) 동물을 학대할 가능성 또한 높다는 증거를 보여주고 있다(Baldry, 2005; Gullone and Robertson, 2008; Henry and Sanders, 2007). 이러한 관계는 특히 남성에게서 더 잘 나타난다.

볼드리(Baldry, 2005)는 9~12세 사이의 이탈리아 아동 500명 이상을 대상으로 한 연구를 통해, 또래 괴롭힘에 직접 참여한 적이 있는 아이들은 그렇지 않은 아이들보다 동물을 학대한 경험이 두 배 높다는 점을 알게 되었다. 각각의 성별에 대한 별도의 분석이 이루어진 이 연구에서 여섯 종류의 가정폭력 변수(아버지/어머니의 신체적/언어적 아동학대, 아버지/어머니의 인간폭력에 대한 노출경험), 동물학대 행위의 목격, 가해자/피해자로서 (학교에서 직접적/간접적으로 경험한) 또래 괴롭힘 등이 아동의 동물학대 행동에 대한 잠재적 예측변수로서 조사되었다.

그 결과, 소년에게 가장 강력하게 작용한 예측변수는 학교에서의 또래 괴롭힘 피해 경험이었다. 또래친구에 대한 간접적 괴롭힘 경험이 뒤를 이었다. 흥미롭게도 다양한 형태의 가정폭력에 노출되었던 경험은 유의미한 변수로 측정되지 않았다. 반면 소녀의 경우, 또래 괴롭힘 경험은 유의미한 변수로 드러나지 않았다. 소녀들에게 동물학대의 가장 강력한 예측변수는 타인의 동물학대를 목격한 경험이었고, 그다음은 아버지로부터 받은 언어적 학대였다. 아버지로부터 신체적 학대를 받은 소녀가 동물을 해칠 가능성은 오히려 낮았다.

헨리와 샌더스(Henry and Sanders, 2007)는 남성 대학생을 대상으로도 또래 괴롭힘과 동물학대의 관련성에 대한 조사를 했다. 연구자들은 특히 동물학대를 여러 번 한 사람과 한 번만 한 사람, 한 번도 하지 않은 사람을 비교했다. 동물학대 사례가 여러 번 있었던 이들은 동물학대를 한 번만 했거나 한 번도 하지 않은 사람들보다 (신체적/언어적 모든 방식으로) 또래 괴롭힘의 가해자였을 가능성과 피해자였을 가능성 '모두' 높았다.

여러 번의 동물학대 행위를 예측하기 위한 후속 분석에는 또래 괴롭힘 행위의 네 가지 변수(신체적/언어적 또래 괴롭힘의 가해자/피해자)와 동물학대에 대한 허용 정도를 측정하는 태도 변수가 포함되었다. 분석 결과, 유일하게 신체적으로 또래를 괴롭힌 경험만이 여러 번의 동물학대 행위를 예측할 수 있는 유의미한 변수로 드러났다. 흥미로운 것은 또래 괴롭힘의 심각한 가해자이자 동시에 피해자였던 남학생들이 동물학대에 대하여 가장 허용적인 태도를 갖고 있었다는 점이다.

또래 괴롭힘의 예측변수로 동물학대에 대한 연구도 이루어졌다. 걸론과 로버트슨(Gullone and Robertson, 2008)은 평균 나이가 14세 가까이 되는 호주의 청소년 249명을 대상으로 조사를 진행했다. 학생들의 10명 중 3명가량이 지난 1년간 한 번 이상 또래 괴롭힘과 관련된 경험을 한 적이 있고, 5명 중 1명은 지난 1년간 한 번 이상 또래 괴롭힘에 참여한 적이 있었다. 연령, 성별, 가족 갈등 등의 여러 변수를 통제한 결과(이중 유의미한 변수는 없었다), 동물학대 목격(그리고 또래 괴롭힘의 피해 경험)이 또래 괴롭힘 가해행위의 유의미한 예측변수임이 밝혀졌다.

이상의 내용을 종합해 보면, 또래 괴롭힘과 동물학대의 관계를 이해하는 데 있어 가장 중요한 것은 젠더, 권력, 통제임을 알 수 있다. 동물학대와 또래 괴롭힘을 하는 이들, 특히 남성은 타자(인간 또는 동물)에게 권력을 행사함으로써 또래집단 내 인정과 같은 보상을 받는다. 그리고 또래 괴롭힘을 당한 이들은 본인이 타자(인간 또는 동물)를 다시 피해자로 만듦으로써, 자신이 피해자로서 느낀 무력감을 변형시키고자 한다. 헨리와 샌더스가 지적한 바와 같이 "피해자가 된 아이들은 자신의 약함을 지각하며 느끼게 되는 공포와 수치심으로부터 스스로를 방어하기 위하여, 본인보다 더 약한 다른 존재에게 권력을 행사할 필요를 느끼게 된다(2007, p. 123)." 뒤에서 우리는 (젠더, 권력, 통제라는) 똑같은 변수들이 남성에 의한 여성학대와 반려동물학대(5장)를, 동물학대와 폭력적인 남성 범죄자 사이의 링크(4장)를 이해하는 데에도 도움이 됨을 알 수 있을 것이다.

청소년비행과 동물학대의 관계

헨리(Henry, 2004a, 2004b)는 두 번에 걸친 연구를 통해, 대학생들의 과거 경험에서 나타나는 동물학대와 청소년비행 간의 관계를 조사했다. 169명의 대학생을 대상으로 한 첫 번째 연구(2004b)에서 헨리는 동물학대의 목격과 실행 경험 모두(그 이전과 이후 모두의) 청소년비행과 관련이 있음을 밝혀냈다. 동물학대에 대한 참여와 관찰이 남학생들에게 미치는 영향은 독립적이기도 하고 상가적additive이기도 했다. 즉, 동물학대의 목격과 자행은 청소년비행과 각각 별개의 관련을 맺지만, 가장 높은 점수의 청소년비행을 기록한 집단은 이 두 가지 경험이 모두 있는 남성이었다.

두 번째 연구(2004a)의 가설을 세우며, 헨리는 맨 처음 동물학대 상황에 노출되었을 때의 나이와 동물학대를 단독으로 자행했는지 아니면 집단으로 자행했는지를 두 가지 관련 요인으로 설정했다. 나이와 관련해서는, 12세 이전에 처음으로 동물학대 상황을 경험한 남성의 청소년비행점수가 10대 때 동물학대를 목격했거나 아니면 전혀 목격한 적이 없는 남성의 점수보다 더 높았다. 반면 여성에게서는 유의미한 차이가 발견되지 않았다.

동물학대를 했던 여성의 수가 너무 적은 관계로, 동물학대를 단독으로 했는지 아니면 집단으로 했는지에 따른 영향력 분석은 남성을 대상으로만 했다. 그 결과 혼자서 동물학대를 저질렀던 남성은 동물학대를 저지른 적이 없는 남성보다 유의미하게 더 높은 청소년비행점수를 기록했다. 즉, (적어도 남성의 경우) 어린 나이에 동물학대 상황에 노출되고 또 자기 혼자서 동물을 학대한다면 그것은 다른 형태의 반사회적 행동에 대한 경고표시가 될 수 있는 것이다.

폭력 등 기타 범죄와 동물학대의 관계

2001년 7월부터 2004년 7월까지 3년간 동물 대상 범죄로 체포된 이들의 자료를 분석한 시카고 경찰의 연구에 따르면, 동물학대를 저지른 사람은 다른 범죄율 역시 (폭력범죄, 비폭력범죄 할 것 없이) 높은 것으로 드러났다. 동물 범죄자 중 86퍼센트가 과거 2회 이상의 체포 경험이 있었고, 70퍼센트가 중범죄로 체포된 적이 있었으며, 70퍼센트는 마약 사용으로 기소된 경험이 있었다. 또 전체 3명 중 2명은 폭력범죄(가정폭력을 포함한 각종 가중폭행 및 단순폭행) 혐의로 체포된 전력이 있었고, 절반 이상에게서 갱단활동의 혐의가 발견되었다(Randour and Hardiman, 2007). 4장에서 소개하겠지만, 좀 더 엄밀하게 설계된 알루크 등(Arluke et al., 1999)의 연구 역시 동물학대로 유죄판결을 받은 사람들이 다른 사람보다 유의미하게 더 많은 범죄기록을 갖고 있으며 더 많은 폭력 및 재산 범죄를 저질렀음을 보고한 바 있다.

토론하기

1. 타인의 동물가해를 목격하는 경험과 본인의 동물학대 실행 사이에 연관성이 존재한다는 사실이 일관성 있게 드러나고 있다. 이를 어떻게 설명할 수 있을까?

2. 또래 괴롭힘의 피해 경험은 동물학대의 자행에 대한 예측변수가 될 수 있다. 이를 어떻게 설명할 수 있을까?

3. 한 연구에 따르면, 적어도 남성의 경우 그들이 어린 나이에 동물학대 상황에 노출되고, 자기 혼자 동물을 학대했다면 이는 청소년비행에 대한 경고표시가 될 수 있다. 그 이유는 무엇일까?

4

'링크(연결성)'

가설

▼▼▼

지금까지 동물학대와 인간폭력 사이의 연관성에 대하여 시간
적 순서는 상관하지 않은 채 논의했다. 이 장에서는 동물학대와
인간폭력이라는 두 변수 사이의 관계를 더 분명하게 예측하는 이
른바 '링크the link(연결성)' 가설의 근거를 검토할 것이다. 이 가설
에 따르면, 동물학대로 (많은 경우 아동기에) 시작되는 사람들의
폭력은 이후 인간을 향한 폭력으로 진행된다.

폭력의 이동가설 또는 발전 테제

초기 연구 : 폭력범죄자의 과거 경험 검토

폭력이 이렇듯 '이동'한다는 가설graduation hypothesis(Arluke et al.,

1999. 참조) 혹은 '발전'한다는 테제progression thesis(Beirne, 2004. 참조)를 지지하는 근거는 아동기 시절 동물학대 전적이 있는 폭력 범죄자(연쇄살인범, 강간범, 아동성폭력범)의 과거 경험을 검토한 연구들로부터 제시되었다.

첫 번째 작업이라 할 수 있는 켈러트와 펠트하우스(Kellert and Felthouse, 1985)의 연구는 범죄자 집단과 비범죄자 집단이 각각 아동기 때 저질렀던 동물학대의 정도를 비교했다. 범죄자들은 본인이 응답한 자가보고 내용과 교도소 상담원의 관찰결과에 근거하여 공격적, 약간 공격적, 비공격적 성향으로 분류되었다. 켈러트와 펠트하우스는 공격적 성향의 범죄자가 아동기 때 다른 집단에 비해 유의미하게 더 많이, 더 심하게 동물학대를 저질렀다는 것을 알아냈다. 공격적 범죄자의 4명 중 1명이 아동기 때 동물학대를 5번 이상 저질렀다고 답했다. 하지만 약간 공격적인 범죄자와 공격적이지 않은 범죄자 중에 동물학대를 5번 이상 저질렀다고 답한 이는 6퍼센트에 불과했으며, 비범죄자의 경우는 0퍼센트였다.

이후 락우드와 처치(Lockwood and Church, 1998)는 연쇄살인범의 36퍼센트가 아동기에, 46퍼센트가 청소년기에 동물을 죽이고 고문한 적이 있음을 보고했다. 성범죄자 또한 동물학대 경험률이 상대적으로 높았다. 한 연구(Tingle et al., 1986)에 따르면 강간범의 절반가량, 아동성폭력범의 4분의 1 이상이 아동 시절에 동물을 해친 경험이 있었다.

이후의 연구 : 이동가설과 일반화된 일탈가설

이후에 발표된 연구를 살펴보면, 우선 연쇄살인범 354명을 대상으로 한 조사(Wright and Tinsley, 2003)에서 21퍼센트가 아동기때 동물학대를 저질렀던 것으로 드러났다. 그리고 미국의 학교총격사건 9건의 가해자 총 11명을 대상으로 한 연구에서는 5명에게서 과거 동물에게 폭력을 저질렀던 혐의가 발견되었다(Verlinden, Hersen, and Thomas, 2001).

이동가설의 검정을 위해 머즈-퍼즈 등(Merz-Perz, Heide, and Silverman, 2001, 2004)은 플로리다의 중경비 교도소(경비 등급이 제일 높은 교도소)에 복역 중인 폭력범 수형자 45명과 비폭력범 수형자 45명을 대상으로 아동기의 동물학대 경험에 대한 면접조사를 했다. 그 결과, 비폭력범에 비해 3배가량 많은 폭력범이 아동기에 동물학대를 저질렀다(56퍼센트 vs. 20퍼센트). 이런 관계는 반려동물을 대상으로 할 때 더욱 두드러져, 아동 시절 자신의 반려동물을 학대했던 폭력범의 비율은 같은 경험을 한 비폭력범에 비해 4배 가까이 더 높았다(26퍼센트 vs. 7퍼센트).

그밖에, 어릴 적 동물학대 방식과 성인이 된 후의 폭력 실천방식 사이에도 링크가 발견되었다. 수형자들이 사람을 대상으로 행한 가장 심각한 범죄의 상당수가 과거 본인이 동물에게 가했던 폭력과 유사한 방식이었다.

한편 알루크 등(Arluke, Levin, Luke, and Ascione, 1999)은 유죄판결을 받은 동물학대 범죄자 153명과 (그들과 성별, 나이, 사회경제적 지위, 거주 지역 등의 요인을 일치시킨) 통제집단 153명의 범죄기록을 비교했다. 그 결과 다른 범죄경력을 가진 동물학대자의 비율이 통계집단에 비해 3배 이상 높았으며, 타인에게 폭력범죄를 저지른 적이 있는 동물학대자들의 비율은 통제집단에 비해 5배이상 높았다. 하지만 이러한 관계 속에 시간적 순서가 분명하게 존재하는 것은 아니었다. 즉, 동물학대를 다른 폭력범죄 이후에 저지른 경우도 있었고, 그것에 앞서 저지른 경우도 있었다. 이들중 먼저 동물학대를 했다가 이후 인간 피해자를 대상으로 폭력이 '이동graduation'한 범죄자는 전체의 16퍼센트로 그리 많지 않았다. 또한 동물학대는 재산범죄, 마약 관련 범죄, 난동행위 등 다양한 비폭력범죄와도 관련이 있었다.

따라서 이 연구자들은 이동가설보다 오히려 '일반화된 일탈 generalized deviance (또는 일탈-일반화) 가설'이 근거에 더 부합된다는 판단을 내린다. 즉, 그들은 동물학대를 "범죄 및 폭력 행위가 점점 발달하는 과정 속의 어떤 뚜렷한 단계나 예측변수라기보다… 사회 안에서 개인들이 저지르게 되는 여러 반사회적 행동 중 하나…(Arluke et al., 1999, p. 969)"인 것으로 상정했다.

몇 년 전 호주에서는 이 두 가지 가설을 모두 검정하는 연구가 진행되었다. 앨리스 등(Alys, Wilson, Clarke, and Toman, 2009)은 복역 중인 성폭력살인범 남성 20명, 외래 상담치료 프로그램을 받고 있는 (살인은 저지르지 않은) 성범죄자 남성 20명, 남자 대학생 20명의 경험을 비교했다. 같은 나이의 이 집단들로부터 파악한 것은 아동기와 청소년기 시절의 동물학대, (절도·재물파손 등의) 반사회적 행동, 아동학대, 아버지의 알코올중독 여부였다.

그 결과, 성범죄자나 통제집단인 대학생들에 비하여 유의미하게 더 많은 수의 성폭력살인범들이 아동기와 청소년기 모든 시기에 동물학대를 저지른 적이 있었다. 이는 이동가설을 지지하는 결과이다. 흥미로운 것은, 성범죄자 중에는 동물을 학대했던 이가 한 명도 없었던 반면에 살인범의 경우 사실상 전원이 동물을 학대했다는 점이다. 성폭력살인범은 아동일 때와 10대일 때 모두, 통제집단에 비해 더 자주 동물학대 행위를 한 것으로 드러났다. 이 두 집단 모두에서 아동기의 동물학대 행위는 청소년기의 반사회적 행동에 대해서도 유의미한 예측변수가 되고 있는데, 사실 이 관계는 성폭력살인범 집단보다 통제집단에서 더 강하게 나타났다.

그런데 이 연구에서는 일탈-일반화deviance-generalization(또는 일반화된 일탈) 가설과 부합하는 모습 또한 나타났다. 아동기 때의 반사회적 행동이 같은 시기 동물학대 행위에 대한 유의미한 예측변수인 것으로 드러났으며, 청소년기 때의 상황 역시 마찬가지였다. 따라서 의문은 아직 열려 있는 상황이다. 이 연구의 저자들이 주장한 바와 같이, 둘 중 그 어떤 가설도 기각될 수 없다.

'링크' 가설에 대한 비판적 입장

'링크' 가설에 비판적인 입장에서는 링크를 지지하는 연구가 여러 방법론적·이론적 결함을 갖고 있다는 주장이 나왔다(Arluke, 2002; Beirne, 2004, 2009; Pagani, Robustelli, and Ascione, 2010; Patterson-Kane and Piper, 2009; Piper, 2003). 방법론에 대한 주요 비판내용을 살펴보면 다음과 같다.

- **대부분의 연구들이 번(Beirne, 2004)의 지적대로 "현시점에서 과거를 돌아보며 조사하는 방식"이다.** 이러한 후향 연구retrospective studies로는 과거의 동물학대가 이후의 인간폭력으로 인과적으로 연결되는지 여부를 확실하게 밝혀내기 어렵다.

- **이 연구들이 드러내고 있는 것은 대부분 상관관계이다.** 따라서 많은 경우 동물학대와 인간에 대한 폭력 중 어떤 것이 먼저인지 알아내기 어렵다. 이 두 가지 형태의 폭력이 서로 인과관계에 있는 것이 아니라 각각 제3의 요인에 의한 결과일 가능성도 있다.

- **대부분의 연구표본이 모집단을 제대로 대표하지 못한다.** 복역 중인 범죄자의 경우가 대표적이다. 뿐만 아니라 이런 수

형자는 본인의 '강한 남자' 같은 모습을 강조하기 위해 과거의 동물폭력을 과장하여 응답할 수 있고, 이는 자료를 더욱 부정확하게 만들 수 있다.

- **동물학대에 대하여 일관성 없고 모호한 정의를 사용한다.**

아래와 같이 '링크' 연구에 대한 개념적·이론적 문제제기도 존재한다.

- **동물학대로 연결되는, 동물학대로부터 시작되는, 동물학대를 거치는 경로는 하나만 존재하는 것이 아니다.** 파이퍼 (Piper, 2003)는 링크에 대한 지배적 담론이 동물학대의 원인과 경로에 대한 다양한 개념화·이론화 방식을 차단한다고 주장한다.

- **동물학대가 인간에 대한 폭력으로 이어지지 않는 이들의 수도 많다.** 따라서 이러한 관계를 지나치게 강조하는 것은 아이들을 잠재적 학대자로 잘못 낙인찍고 딱지 붙이는 결과로 이어져, 오히려 더 큰 일탈을 저지르게 할 수도 있다.

- **그동안 링크에 관한 연구는 너무 심리적 접근만 해왔다.** 동물학대를 병리적 현상으로 가정하는 이 연구는 초기 가정폭

력 연구자들이 주로 가해자들의 개인적 특성에 초점을 맞추었던 것과 마찬가지로, 동물폭력에 기여하는 많은 사회적·문화적 요인을 무시했다(Arluke, 2002; Flynn, 2001, 2008).

이런 결함 때문에, 파이퍼(Piper, 2003)는 동물학대와 인간폭력 간의 링크 연구에 대해 '늑대 옷을 입은 양sheep in wolf's clothing'이라는 표현을 사용하기도 했다.

그런데 알루크 등(Arluke et al., 1999)의 연구에도 다음과 같은 문제점이 있기 때문에, 이동/발전 가설에 대한 이들의 반박 또한 한계가 있다.

- **이 연구는 공식 범죄기록을 이용하고 있다.** 그런데 여기에는 신고된 범죄만 기록되어 있으며, 그들이 어릴 때 저질렀던 동물학대 범죄는 포함되어 있지 않다.

- **연구대상에 성인 범죄자만 포함되었다.** 연구자가 (16세 이하) 청소년 범죄자의 기록을 구할 수 없었기 때문이다. 그렇기 때문에, 아동기와 청소년 초기에 동물학대를 저지르는 이들이 이후 인간 대상 폭력으로 나아가게 된다는 가설을 이 연구가 검정하는 것은 불가능했다.

그렇다면 여러 방법론적·이론적 결점 및 문제점을 감안하면서 링크에 대해 어떻게 생각해야 할까? 내가 보기에 지금까지 나온 근거가 드러내는 바는 다음과 같다. 최소한 아동 및 청소년기에 동물을 학대했던 이들의 폭력이 후에 더 커지는 일은 그리 흔치 않으며, 일반적으로 그들 중 많은 수가 이후 '정상적인' 삶을 살게 된다. 뿐만 아니라 동물학대 행위에 대한 정신병리적 설명을 너무 과하게 받아들일 경우, 가장 극단적인 형태의 폭력과 가장 심각한 가해자에게 초점을 맞추게 되어 정작 더 일반적인 형태와 요인을 지닌 학대는 무시하게 되는 위험에 빠질 수도 있다.

하지만 우리는 동물학대와 인간폭력이 함께 발생하는 경우가 빈번함을 잊지 말아야 한다. 동물학대는 다른 폭력의 위험요인, 지표, 전조가 될 수 있으며 반대의 경우 역시 마찬가지이다. 위험요인이란 것이 항상 결정적으로 작용하는 것은 아니지만, 그렇다고 그것을 무시해서는 안 된다(예를 들어 흡연은 폐암의 위험요인이다). 그리고 동물학대와 인간폭력 사이의 발생순서가 분명히 규명되지 않았다 할지라도 판사, 배심원, 검사, 임상의, 아동보호복지사, 쉼터 종사자, 수의사, 경찰, 입법자 등은 여전히 동물학대를 심각하게 받아들여야 한다. 알루크 등은 다음과 같이 주장한다.

우리의 결론은, 사회가 동물학대에 관심을 기울이기 바라는 이들을 낙담케 하는 내용이 결코 아니다. 반대로, 우리 사회는 동물학대에 더 많은 관심을 기울여야 한다. 동물학대자가 비학대자에 비해 다른 형사범죄를 저지를 가능성이 훨씬 높게 드러나기 때문이다. 판사, 정신과의사, 사회복지사, 수의사, 경찰 등 학대 사례를 다루는 일을 하는 이들이라면 동물학대를 잠재적인(폭력을 수반한 그리고 폭력과 상관없는) 반사회적 행동의 신호로서 결코 무시해서는 안 된다. 동물학대가 인간에 대한 폭력으로 이어진다는 링크의 존재 가능성 또한 계속 고려되어야 한다. 이와 관련하여, 동물학대자의 일부가 성인이 된 후 왜 그리고 얼마나 자주 폭력을 저지르는지 밝혀내기 위한 추가 연구가 필요하다(Arluke et al., 1999, p. 973).

향후 링크 연구의 이슈와 도전

개념적·방법론적 접근방식의 개선

링크에 대한 근거가 일면 충분치 못하고 일관성이 부족하다는 점은 동물학대에 관한 초기 연구의 일반적인 모습을 반영한 것일 수 있다. 6장에서도 논의하겠지만(Ascione and Shapiro, 2009의 내용도 참조할 것), 이 이슈와 관련하여 필요한 것은 다음과 같다. (a) 동물학대에 대한 적절한 개념 정의. 이는 타당하고 신뢰성 있는 측정을 위한 근간이 된다. (b) 일반인구집단에서 추출한 비임상표본을 이용한 연구. (c) 동일 연구대상을 일정기간에 걸쳐 장기적으로 조사하는 종단적longitudinal 연구 설계.

이러한 기본적 요건 외에도, 방법론과 윤리문제에 대해 서로 연결되어 있는 두 가지 주요 이슈가 있다. 우선 방법론적으로, 연구자들은 동물학대가 언제 그리고 얼마나 빨리 차후 인간에 대한 폭력으로 연결되는지 더 분명하게 규명해야 한다. 그렇게 함으로써, 아동기 때 드물게 또는 심각하지 않을 정도로만 동물학대를 저지르고 이후 더 큰 폭력으로 발전하지 않는 이들에 대한 거짓 양성false positive 오류*의 수를 줄일 수 있다. 두 번째는 바로 윤리적 이슈이다. 거짓양성 오류에 대한 우려는 동물학대 행위가 발각된 아이들을 향한 우리의 대응에 어떤 의미를 가질까?

폭력의 경로 및 학대자의 특징 구체화

이제는 아동기의 동물학대 행위와 차후 인간폭력 사이의 단순한 연관성 조사를 넘어, 어떤 유형의 동물학대자와 동물학대 행위가 이후 인간을 향한 폭력으로 이동할 가능성이 높은지 그 요인을 연구해야 한다. 이에 대하여 머즈-퍼즈와 하이드(Merz-Perez and Heide)는 "학대행위의 형태, 대상 동물의 종류, 학대의 동기, 학대에 대한 가해자 본인의 반응(2004, p. 154)" 같은 것들이 관련 있을 거라는 가능성을 제기했다. 최근 학계는 어린 시절의 동물학대와 이후의 인간폭력 사이에 놓인 구체적 경로와 관계를 조사하기 시작하여, 두 가지 폭력의 부분집합에 속하는 사람은 어

---

* 실제로는 음성(없음)인데 양성(있음)으로 잘못 진단한 오류 - 옮긴이.

떤 이들인지 밝혀내려 하고 있다(Ascione and Shapiro, 2009). 예를 들어 헨슬리와 탤리셰 등(Hensley and Tallichet, 2009; Hensley, Tallichet, and Dutkiewicz, 2009; Tallichet and Hensley, 2004; Tallichet, Hensley, and Singer, 2005)은 폭력범죄 수형자들을 대상으로, 어린 시절의 동물학대 방식과 동물 및 인간에 대한 폭력의 반복성 같은 예측변수를 검토했다.

■ 폭력행위의 반복

탤리셰와 헨슬리(Tallichet and Hensley, 2004)는 중경비 교도소 한 곳과 일반경비 교도소 두 곳의 수형자 261명에 대한 조사를 통하여, 어릴 때의 반복적 동물가해가 이후 인간폭력 행위의 반복과 어떤 관련이 있는지 밝혀내려 했다. 여기서 인간폭력 행위의 반복은 수형자가 살인이나 살인미수, 강간이나 강간미수, 가중폭행으로 유죄판결을 받은 횟수로 조작화*되었다. 또 아동기와 청소년기의 동물학대 행위를 측정하기 위하여 수형자들에게 사냥 이외의 방식으로 몇 번이나 동물을 다치게 하거나 죽였는지 질문했다.

수형자들이 어릴 적에 저질렀던 동물학대 행위의 횟수와 함께, 인간폭력 반복의 다른 예측변수(인종, 교육, 도시/농촌 거주, 부모의

---

* 추상적 개념을 경험적으로 관찰, 측정, 설명할 수 있는 속성으로 구체화하는 것 - 옮긴이.

혼인 상태, 형제자매의 수, 소년원 입소 경험 등) 또한 함께 검토되었다. 이중 유의미한 예측변수로 드러난 것은 단 두 가지였다. 가장 중요한 것은 어릴 적의 동물학대 행위로, 횟수가 많을수록 이후 인간폭력을 저지른 횟수 또한 많아졌다. 또 다른 유의미한 예측변수는 흥미롭게도 형제자매의 수였다. 형제자매의 수가 많을수록 인간폭력을 반복해서 저지를 가능성이 높았다.

2007년 3월 헨슬리, 탤리셰, 더키비치(Hensley, Tallichet, and Dutkiewicz, 2009)는 중경비 교도소 한 곳과 일반경비 교도소 한 곳의 수형자 180명을 대상으로 앞의 연구와 같은 내용의 조사를 실시했다. 인간폭력 행위의 반복은 2004년 연구 때와는 조금 다르게 조작화되어, 수형자들에게 살인이나 살인미수, 강간이나 강간미수, 폭행으로 몇 번의 유죄판결을 받았는지 묻는 대신 각각의 행위를 몇 번씩 저질렀는지를 물었다. 또한 폭력행위의 항목에 강도를 추가하고 인종, 교육, 도시/농촌 거주 등 인구통계학적 요인까지 분석에 포함시켰다. 그 결과, 2004년의 연구와 비슷하게 동물학대 행위의 반복은 성인이 된 후 인간폭력 행위의 반복과 유의미한 관련성이 있는 것으로 나타났다. 그 밖의 유의미한 변수는 발견되지 않았다.

■ **동물학대의 형태**

헨슬리와 탤리셰(Hensley and Tallichet, 2009)는 어릴 적에 동물을 학대할 때의 방식이 성인이 된 이후 인간폭력 행위의 반복과 관련 있는지 여부 또한 분석했다. 앞에 소개한 2004년 연구의 표본을 이용하여, 그들은 (익사시키기, 발로 차거나 때리기, 총 쏘기, 목조르기, 불태우기, 수간 등 여섯 가지의) 동물학대 방식과 수형자들이 (2004년 연구에서 규정한 바와 같은) 폭력범죄로 유죄판결을 받은 횟수 사이의 관계를 검토했다. 다른 예측변수로는 동물을 다치게 하거나 죽인 횟수, 처음으로 동물을 다치게 하거나 죽인 나이, 현재 나이가 포함되었다. 분석결과, 성인이 된 후 두 번 이상의 폭력범죄 유죄판결과 유의미한 관계가 드러난 변수는 두 가지였다. 즉, 아동기 또는 10대 때 동물을 익사시키거나 수간을 했던 수형자일수록 성인이 되어 인간폭력을 반복적으로 저지른 비율이 높게 나타났다. 헨슬리와 탤리셰(Hensley and Tallichet, 2009, p. 156)는 다음과 같이 말했다.

동물을 익사시키고 수간하는 행위는 둘 다 상대에 대한 제압overpowering을 수반한다는 점에서 매우 유사한 폭력방식이며 이는 이후 인간에 대한 공격으로 이어질 수 있다. 이와 같이 동물의 죽음(또는 거의 죽은 상태)이나 자기 성적 쾌감의 절정으로 이어지는 공격은 동물학대자들이 이 경험으로부터 일종의 해소release를 추구했음을 암시한다. 가해자들은 이 같은 해소를 성인이 되어서는 인간에 대한 공격을 통해 계속 경험했을 것이다.

거짓양성 그리고 아동에 대한 낙인

'링크' 연구를 비판하는 이들은 동물을 학대한 모든 아이가 이후 폭력범죄자로 살게 되는 것은 아니라는 점을 지적한다. 앞에서 언급한 바와 같이, 사실 아동의 경험은 대부분 어느 선 내에서 제한되는 경향을 띠기 때문에 그들은 대체로 나이를 먹으면서 동물학대를 그만두거나 나아가 그 행동을 후회하기도 한다(Arluke, 2002). 따라서 동물학대 행위 중 실제로는 인간에 대한 폭력으로 발전하지 않았음에도 그렇게 되는 것으로 잘못 판단되는 이른바 '거짓양성false positive' 오류의 수를 줄여야 한다. 뿐만 아니라, 동물을 해치는 아이가 이후 인간에게 폭력을 행사하는 사람으로 발전할 수 있다는 걱정 때문에 그들에게 섣불리 딱지를 붙이게 labeling 된다면 이는 아이에 대한 낙인찍기stigmatizing로 연결되어 일탈이 줄어들기보다 오히려 유발될 수 있다는 우려도 존재한다(Patterson-Kane and Piper, 2009).

앞에 요약된 여러 유형의 연구는 어릴 적의 동물학대 행위와 이후 성인기 폭력 사이의 연계를 더 분명하게 밝혀냄으로써 거짓양성 오류의 수를 줄이고자 한 시도이다. 이와 비슷한 맥락에서 레빈과 알루크(Levin and Arluke, 2009)는 연쇄살인범이라는, 링크의 가장 극단적인 사례를 들고 온다. 레빈과 알루크가 보기에 '많은 연쇄살인범이 어릴 적에 동물을 학대했다'라는 단순한 관념은 그 근거가 충분치 않다. 어릴 적에 동물학대를 저지르지 않은 연쇄살인범도 많고, 아이였을 때 동물학대를 했지만 연쇄살인범으로 성장하지 않은 많은 이들이 존재하기 때문이다. 레빈과 알루크는, 동물을 학대했던 연쇄살인범들의 공통 분모는 자신의 쾌락을 위해 고통을 가하는 욕구라고 주장한다. 이들의 폭력은 (그것이 동물을 향한 것이든 인간을 향한 것이든) 타자에 대한 권력과 통제의 가학적 행사로서 의미를 갖는다.

즉, 그것은 동물에 대한 단순 가해가 아니라 동물을 고문하는 것이다. 그냥 고통을 겪게 하는 것이 아니라 말 그대로 그것을 직접 실천하는 것이다. 그리고 아무 동물에게나 그러는 것이 아니라, 고양이나 개처럼 우리 문화 속에서 가장 의인화된 동물을 피해자로 만든다. 레빈과 알루크에 따르면, 이들은 인간 피해자와 동물 피해자 모두에게 서로 유사한 방식의 폭력을 사용한다. 따라서 레빈과 알루크는 아동기 때 발생하곤 하는 일반적인 동물학대보다 고양이와 개를 겨냥하여 그들을 '직접' 자기 손으로 고문하는 이들에게 주목하자고 주장한다. 이는 폭력행위에서 권력과 통제의 역할을 강조한 헨슬리와 탤리셰의 결론과도 부합되는 내용이다.

한편, 거짓양성 오류에 대한 우려는 동물학대 행위가 발각된 아이들을 대하는 우리의 자세에 어떤 의미를 가질까? 패터슨-케인과 파이퍼(Patterson-Kane and Piper, 2009)는 링크 연구가 사실을 왜곡하는 부분이 있으며 그로 인해 의도치 않게 동물학대 아동에게 딱지를 붙이고 낙인을 찍게 되는 부정적 결과가 발생할 수 있음을 우려했다. 그들이 보기에 이러한 접근방식은 "결국 개인 병리를 강조하는 설명으로 이어지게 마련이다(2009, p. 605)."

그런데 동물에게 고통을 가하는 아동 및 청소년에 대한 딱지 붙이기와 낙인찍기에 관한 우려가 아무리 타당하다 해도, 그것이 너무 나아가지는 않도록 주의해야 한다. 패터슨-케인과 파이퍼는 "이제 동물학대 혐의는 아이들을 배척하는 그리고/또는 각종 보호아동 리스트에 등록하게 하는 근거가 되고 있다(2009, p. 592)"며 링크가 가정을 위협하고 겁먹게 하고 있다는 주장을 하는데, 이에 대한 근거는 제시하지 못했다.

중요한 것은 동물학대 아동에의 대응 '여부'가 아니라 '어떻게' 대응할 것인가이다. 동물학대는 분명 우리가 규명하고, 줄여 가고, 사회의 모든 구성원 특히 아동으로부터 뿌리 뽑아야 하는 행위이다. 나는 레빈과 알루크의 다음과 같은 주장에 동의한다.

거짓양성 오류는 아이들에 대한 낙인과 처벌의 근거로 이용될 수 있다는 점에서 문제적이다. 하지만 우리가 아동과 청소년의 자존감과 자신감을 향상시켜 주기 위하여 그들에게 손길을 내민다면 그 문제는 최소화될 수 있다. 적어도 이를 통하여 우린 일부 아이에게 도움을 줄 수 있으며, 그 과정에서 동물학대 행위 또한 줄여 나갈 수 있을 것이다(2009, p. 169).

토론하기

1. 아동기나 10대 때 동물을 해친 경험이 있다면 이후 사람을 해칠 가능성도 높아질까? 그리고 그렇게 생각하는 이유는 무엇인가?

2. 동물학대와 인간폭력 사이의 링크에 대한 연구자들의 우려는 지나친 것일까?

3. 동물학대를 하다 걸린 아이를 어떻게 대하는 것이 최선일까?

5

동물학대를 설명하는
이론적 관점

▼

페미니즘 이론

가정폭력(e.g., Yllo, 1993) 등 여성폭력 문제를 설명하는 데 큰 역할을 해온 페미니즘 관점의 접근은 동물학대를 이해하는 데에 크게 기여한다. 페미니즘의 관점에서 보면 동물학대는 자신보다 권력이 약한 타자들(여성, 아동, 동물)을 향한 남성의 거대한 지배와 착취의 일부이다. 지배적 위치에 있는 남성은 가부장제하에서 동물을 포함하여 자신보다 권력이 약한 존재를 통제하려는 수단으로 폭력을 이용한다. "남성이 여성을 지배하는 권력을 갖고 인간이 동물을 지배하는 권력을 갖는 이 위계는 사실 남성이 여성과 (여성화된feminized) 남성과 (여성화된) 동물을 지배하는 권력을 갖는 위계로서 더 적절하게 이해될 수 있다(Adams, 1995, p. 80)."

애덤스(Adams, 1994)에 따르면 육체에 대한 적대감, 다시 말해 '육체공포증somatophobia'(Spelman, 1982)은 성차별주의, 인종차별주의, 계급차별주의, 종차별주의의 징후이다. "경멸당하고 권리를 박탈당한 육체, 즉 동물과 아이와 여성과 지배적 위치에 있지 못한 남성의 육체"에 대한 적대감은 상호 연계되어 있다(Adams, 1994, p. 64). 그녀는 "여성억압은 분명 동물억압과 엮여 있으며, 여성과 동물은 모두 자신의 육체에 '그리고' 서로의 육체에 가해지는 통제에 갇혀 버린 존재(1994, p. 70. 강조는 원문)"라고 역설한다.

시간이 흐르면서 반려동물학대와 여성학대 문제를 다룬 많은 경험적 연구가 여성과 동물 모두를 향한 남성의 폭력에서 젠더, 권력, 통제가 담당하는 핵심적 역할에 대해 밝혀냈다 (Ascione, 1998; Ascione et al., 2007; Faver and Strand, 2003, 2007; Flynn, 2000a, 2000c; Loring and Bolden-Hines, 2004; Simmons and Lehmann, 2007). 여성에 대한 폭력의 일환으로 이루어지는 동물 가해는 자신의 파트너를 통제하기 위한 남성의 의도적 행위이다. 애덤스(Adams, 1995)는 남성이 반려동물학대를 통해 여성을 통제하는 아홉 가지 방식 또는 전략을 소개한 바 있다. 이에 따르면 여성을 학대하는 남성은 동물을 해침으로써,

• 자신이 가진 권력을 보여 준다.

- 굴복을 가르친다.
- 지지망과 관계들로부터 여성을 고립시킨다.
- 여성의 독립에 대한 자신의 분노를 표출한다.
- 가정 내 테러 분위기를 영속화한다.
- 여성이 자신을 떠나지 못하도록 위협한다.
- 여성이 자신을 떠난 것에 대하여 처벌한다.
- 동물학대를 여성이 목격하거나 직접 참여하도록 강요한다.
- 이런 식으로 자신이 가진 권력을 확인시킨다.

여성학대 남성 중에서 반려동물도 함께 학대하는 남성은 반려동물을 학대하지 않는 남성과 구별된다. 한 연구에 따르면, 동물과 여성을 학대하는 남성은 여성만 학대하는 남성보다 더 위험했으며 여성을 통제하기 위한 행동도 더 많이 했다(Simmons and Lehmann, 2007). 동물학대도 저지른 여성학대 남성은 성폭력, 아내강간, 정서적 폭력, 스토킹을 저지른 비율이 더 높았을 뿐 아니라 여성을 통제하려는 행위(남성 특권적 태도male privilege, 고립, 책임전가, 협박, 위협, 경제적 학대 등) 또한 더 많이 했다. 반려동물을 죽인 남성의 경우 격차는 더욱 커진다.

심지어 여성학대 남성은 여성의 반려동물을 위협함으로써 그녀에게 불법행위를 저지르도록 강요하기도 한다. 로링과 볼든-하인즈(Loring and Balden-Hines, 2004)는 조지아 주의 가정폭력 센터에 머물렀던 107명의 여성을 대상으로 법적 문제에 초점을 맞춘 연구를 진행했다. 그 여성들은 한 번 이상의 불법행위를 저지른 경험이 있었다. 107명 중 62퍼센트의 여성에게 반려동물이 있었고, 그들의 4명 중 3명은 반려동물에 대한 학대가 실제로 있었거나 학대의 위협을 받았다고 대답했다. 24명의 여성은 자신의 반려동물에 대한 가해와 위협 때문에 은행털이, 신용카드 절도 및 사기, 주식사기, 은행사기, 그리고/또는 마약밀매 같은 범죄를 저질렀다고 응답했다. 여성들은 모두 반려동물이 학대받는 것을 막기 위해 범죄를 저질렀다고 증언했다.

상징적 상호작용론

동물학대 분석에 사용되는 또 다른 이론은 상징적 상호작용론(Blumer, 1969; Mead, 1934)이다. 이 관점에 따르면, 개인은 타자와의 상호작용을 통해서 자신의 경험에 의미를 부여하고 현실을 능동적으로 구성한다. 행위자는 다른 사람이 상황을 어떻게 규정하는지 그리고 다른 사람에게 내가 어떻게 지각되는지 상상해 보는 타자의 역할취득(role-taking)을 통해 상징적 상호작용을 하고 자아감을 계발한다.

동물학대에 관한 상징적 상호작용론 관점의 연구는 일반적으로 연구 참여자들이 학대에 부여하는 의미에 주목했고, 이러한 주목은 두 가지 유형의 연구로 이어졌다. 첫 번째 접근방식은, 성인 동물학대자가 본인의 일탈행위를 사회적으로 용인받을 만한 것으로 재규정하면서 설명하는 방식에 주목했다(e.g., Forsythe and Evans, 1998). 두 번째 접근방식은 동물학대자들에게 자신의 행위를 스스로 어떻게 생각하는지 묻는 것이다(Arluke, 2002, 2004, 2006). 예컨대 아이였을 때 자신이 동물에게 저지른 폭력에 대한 질문을 받고서, 청소년 후기와 성인 초기에 속하는 응답자들은 그것을 성장과정의 정상적 일부분으로 바라보는 식으로 '학대'의 의미를 재규정했다(e.g., Arluke, 2002). 이 두 가지 접근방식이 중요시한 것은 (a) 연구대상이 되는 행위 및 상호작용에 연구자가 직접 의미 부여하지 않기, (b) 응답자들의 의미규정이 어떻게 본인의 행위를 구성하는지의 문제, (c) 가해자들의 동물학대 행위에 대한 사회적 구성이 그들의 자아감 보호에 얼마나 중요한가의 문제 등이다.

한편 샌더스(Sanders, 1993, 1999)와 앨저와 앨저(Alger and Alger, 1997, 1999)가 이끈 세 번째 접근방식은 인간만이 상징적 상호작용을 할 수 있다는 미드(Mead)와 전통사회학의 사고에 도전했다. 이 새로운 관점은 동물이 자아가 있고, 타자의 역할취득이 가능하며, 인간(또는 다른 동물)과의 상호작용 속에서 함께 공유하는 의미를 창출할 수 있는 정신적이고 사회적인 존재라고 주장한다.

내가 1990년대 후반에 실시한 소규모 질적 연구(Flynn, 2000a)에서, 많은 피학대여성은 자신이 학대당하는 동안 반려동물이 동요했고 심지어 학대로부터 자기를 보호하려 하거나 폭력이 끝난 뒤 위로해 주기까지 했다고 증언했다. 그들에게 반려동물은 감정을 표현할 수 있고, 그녀의 정서 상태에도 공명할 수 있는 존재였다. 이런 경험을 통하여 여성들은 자신의 반려동물이 의도적이고intentional 상호적이며reciprocal 사고적인thoughtful 행동을 하는 정신적 존재임을 확인할 수 있었다.

일탈의 중화 : 투견과 투계

현재 미국의 모든 주에서 불법인 두 종류의 동물학대, 즉 투견과 투계는 그동안 여러 사회학자의 주목을 받아 왔다(Darden and Worden, 1996; Forsythe and Evans, 1998; Hawley, 1993). 투계의 경우 2008년 루이지애나 주를 마지막으로 미국 전 지역에서 금지되었는데, 여기에서 소개하는 연구가 진행될 때는 애리조나, 미주리, 오클라호마 주에서 합법인 상황이었다. 이 연구들은 연구참여자가 자신의 일탈행위를 스스로 어떻게 받아들이는지에 초점을 맞춘 작업이라는 점에서 의미가 있다. 이러한 작업은 일탈의 사회적 구성 및 그것에 행위자가 부여하는 의미를 조사하고, 사람들이 자신의 자아상self-image 보호를 위해 일탈행위를 어떻게 변명하고 정당화하는지를 보여 준다.

사이크스와 마차(Sykes and Matza, 1957)가 처음으로 소개한 중화이론neutralization theory에 따르면 (일탈을 지배적 규범의 거부로 보는 전통적 시각과는 반대로) 법을 위반하는 자들은 관습적 도덕질서를 수용한다. 하지만 그들은 본인의 일탈행위를 스스로 예외적인 것으로 취급하거나 합리화하는 '중화기법neutralization techniques'을 통해 낙인을 피하고자 한다. 사이크스와 마차는 사람들이 자신의 일탈행위를 합리화하기 위해 활용하는 중화기법을 다섯 가지로 분류했다. (a) 피해자에 대한 부인denial of the victim(그는 그 일을 당할 만했기 때문에 사실 피해자라 할 수 없다), (b) 책임의 부인denial of responsibility(발생한 피해는 우연히, 실수로, 또는 통제력을 잃어서 생긴 일이다), (c) 상해의 부인denial of injury(그는 사실상 피해를 입지 않았다. 따라서 그는 진정한 피해자라 할 수 없다), (d) 보다 높은 가치에 대한 호소appeal to higher loyalties(사회적 규범보다 내가 속해 있는 작고 친밀한 집단에서의 관계를 우선시한 것이다 etc.), (e) 비난하는 자에 대한 비난condemnation of the condemners(내 행동을 비난하는 자들도 똑같이 나쁜, 또는 나보다 더 나쁜 행동을 한다).

■투견

포사이드와 에번스(Forsythe and Evans, 1998)는 이러한 중화이론을 적용하여, 핏불을 사육하고 싸움을 붙이는 '투견꾼dogman'의 합리화 방식을 탐구했다. 미국 투견의 중심지로 여겨져 온 루이지애나 주와 미시시피 주에서의 현지조사를 통해 연구자들은 투견을 직접 관찰하고 투견꾼에 대한 면접을 실시했다.

투견꾼들은 상해의 부인, 보다 높은 가치에 대한 호소, 비난하는 자에 대한 비난이라는 세 가지의 중화기법을 활용하고 있었는데 이밖에도 "우리는 좋은 사람we are good people"이라고 이름 붙인 합리화 기법이 추가적으로 발견되었다. 연구자에 따르면 네 번째 기법을 통해 "투견꾼들은 좋은 사람으로 옹호되며, 투견 행위는 그들의 좋은 인성과 행동거지 등을 통해 세탁된다(Forsythe and Evans, 1998, pp. 206~207)."

■ 투계

투계에 관한 연구 또한 중화의 여러 사례를 다뤄 왔다. 홀리 (Hawley, 1993)는 15년에 걸쳐 미국의 남부와 중서부 지역, 카리브해, 중남미 일부 지역의 투계문화에 대한 문화기술적 연구 ethnographic research를 진행했다. 다든과 워든(Darden and Worden, 1996)은 오클라호마 주와 알칸소 주의 경계 지역에서 벌어지는 투계를 연구했다. 이 두 연구는 투계꾼(그들 대부분은 농촌 남성이었다)이 [앞에서 포사이드와 에번스(1998)가 밝혀낸 바와 마찬가지로] 주요 중화기법을 이용해서 자신의 범죄행위를 합리화한다는 사실을 밝혀냈다. 투계꾼은, 싸우는 것은 닭이 가진 본성의 일부일 뿐더러 닭은 중추신경계가 단순해서 고통을 느낄 수 없다(상해의 부인)는 식의 의사과학적pseudo-scientific 주장도 펼쳤다.

그들은 자신이 하는 일을 정당화하기 위해서 투계에 대해 긍정적인 역사적 사례를 활용했다. 특히 조지 워싱턴, 에이브러햄 링컨, 앤드루 잭슨, 헨리 8세, 로버트 E. 리 등 생전에 투계를 했던 유명인을 종종 언급했다(보다 높은 가치에 대한 호소). 또한 투계에 반대하는 이들이 농촌의 생활방식을 안 좋게 보는 편견을 갖고 있으며 정부에게는 시민의 사생활을 침해하면서까지 이 행위를 단속할 권리가 없다는 식의 주장으로 중화를 시도했다(비난하는 자에 대한 비난). 뿐만 아니라 성경에도 나와 있듯 동물은 인간에게 이용되기 위하여 존재한다는 주장, 투계를 통하여 인성을 함양할 수 있다는 주장("우리는 좋은 사람") 등을 통해서도 자신들의 일탈을 정당화했다. 즉, 투계꾼은 투견꾼과 마찬가지로 자기 행동에 대한 재규정을 통해 일탈성을 최소화하고, 그렇게 함으로써 본인의 자아상을 긍정적으로 유지하고 있었다.

동물학대 관련자들의 다양한 의미 규정
■ 규범적 행위로서의 동물학대

동물학대에 관한 대부분의 연구가 그것이 병리적이고 일탈적인 행동이라는 가정하에 진행되어 온 가운데 알루크(Arluke, 2002)는 좀 더 새로운 시각을 제시했다. 연구 참여자가 자신의 행위를 어떻게 규정하는지 앎으로써 인간행동에 대한 충분한 이해가 가능하다는 상징적 상호작용론의 관점을 통해, 알루크는 아동과 청소년의 동물학대를 규범적normative이고 도구적인instrumental 행위로 이해할 수 있음을 보여 주었다. 그에 따르면, "우리는 동물학대를 충동적이고 병리적인 행위로만 받아들일 것이 아니라, 그 가해자들이 사회적으로 뒷받침되고 중요시되는 어떤 행동을 통해 무언가를 얻어낸다는 점에서 도구적·규범적 성격을 띠는 행위일 수 있음을 감안해야 한다(p. 406)."

그렇다면 아동 및 청소년들이 동물학대로부터 얻는 것이 무엇일까? 이를 밝혀내기 위하여 알루크는 도시에 위치한 노스이스턴 대학교의 사회학 개론 강의 두 군데에서 뽑은 25명의 대학생을 대상으로 과거의 동물학대 경험에 관한 면접을 진행했다. 참가한 대학생은 대부분 백인, 남성, 중산층이었다. 면접내용의 분석을 통해 알루크는 아이들이 성인 정체성과 문화를 자기 것으로 만들고자 시도하는 '더티 플레이dirty play'(Fine, 1986 참조)의 한 형태로 동물학대를 저지른다는 결론을 내렸다. 자율성 및 자신과 동물의 삶에 대한 통제를 강하게 추구하는 가운데, 청소년은 동물을 해치는 행위를 통해 성인의 권위와 성인세계의 기준에 저항하고 도전했다.

아동 및 청소년들은 동물학대 행위를 통해 성인됨과 관련된 권력adultlike power 네 가지를 경험하게 되는데, 그 구체적인 내용은 다음과 같다(Arluke, 2002, p. 413).

• 성인적 비밀공유keeping adultlike secrets : 아동 및 청소년들에게 동물학대는 일을 저지르고도 발각되지 않는 스릴을 느끼게 해 줄 뿐 아니라 힘을 느끼게 해 주는 경험이기도 하다. 그들은 서로 학대를 '저지르고 도망쳤다'는 비밀을 공유하는데, 이는 성인문화로부터의 독립을 경험케 하면서 동시에 성인문화의 본질적 측면을 받아들일 수 있도록 한다.

- **성인적 경계긋기drawing adultlike boundaries** : 학대를 통해 아이들은 타자를 '우리가 아닌 존재'로 구분하는 것의 의미를 배운다. 그것은 타자에 대한 차별대우와 착취를 정당화한다. 많은 응답자가 동물을 또래 놀이친구들과 함께 학대했다고 답했는데, 이는 학대 그 자체보다 동료관계와 또래인정이 더 중요한 것이었음을 보여 준다. 따라서 동물학대는 아이들로 하여금 누가 내집단in-group의 일부로 포함되고 배제되는지 경계선을 그을 수 있게 해 준다.

- **성인적 행동하기doing adultlike activities** : 많은 응답자들은 자신이 한 동물학대를 사냥이나 잘못한 아이에 대한 체벌 같은 어른의 행동에 비유했다. 또 다른 응답자들은 나중에 어른이 되어서 직업을 가졌을 때 성공을 위해 필요로 하는 (예컨대 정서적 분리emotional detachment 같은) 기술을 터득하기 위한 행동으로 보았다. 즉, 동물학대는 그 자체가 목적이었다기보다 성인 지위의 예행연습을 위한 수단이었다.

- **성인적 지식의 획득과 확인gathering and confirming adultlike knowledge** : 아동 및 청소년들에게 동물학대는 정보를 획득하고 확인하기 위한 것이었다. 즉, 그 행위를 통해, 어른들이 동물에 대해 자기들에게 진실한 정보를 주었는지 또 숨긴 정보는 없는지 (예를 들면 "고양이는 정말로 높은 곳에서 떨

어져도 죽지 않을까? 아홉 개의 생명을 갖고 있을까?" 등) 판별하
고자 했다. 많은 응답자들이 자신의 동물학대 행위가 어른
의 방식으로 어른의 지식을 획득하기 위한 일종의 '실험'이
었다고 답했다.

과거 자신의 동물학대 행위에 대하여 응답자들은 흥미롭게도
서로 다른 두 가지 반응을 보였다. 자신의 행동을 후회하는 이들
중에는 학대 당시에 이미 죄책감을 느꼈던 사람도 있었고, 당시
에 본인이 죄책감을 느끼지 못했다는 점에 지금 죄책감을 느끼는
사람도 있었다. 일부 연구 참여자들은 당시 본인의 '더티 플레이'
를 장난이 아닌 공격행동으로 재규정함으로써 현재 자신을 성숙
하고 도덕적인 성인으로 드러내 보였다.

반면 다른 이들은 동물을 학대한 것이 장난이었을 뿐이라며,
자책하는 모습을 거의 보이지 않았다. 자신의 동물학대를 아동
기 때 누구나 거치는 자연스러운 과정으로 인식하며 자신의 잘못
으로 받아들이지 않은 것이다. 알루크는 이 서로 다른 두 가지 형
태의 자기표상이 반영하고 있는 것은 응답자 간의 성숙함 차이가
아니라 동물에 대해 미국 사회가 갖고 있는 양가적이고 역설적인
태도라고 설명했다.

■ 동물학대의 다른 관련자들

후속 연구를 통해 알루크(Arluke, 2004, 2006)는 학대에 대한 관

습적 접근방식, 즉 동물학대를 미쳤거나 문제 있는 개인이 저지르는, 뚜렷하게 정의 내릴 수 있는 행위로 바라보는 객관적·심리학적 모델에 도전했다. 동물학대의 발생 및 처리 과정에 참여하는 이들의 다양한 관점에서 만들어지는 주관적 의미들을 통찰력 있게 드러내 보였다. 알루크(Arluke, 2006)는 이전의 작업을 더 확대하여 대학생뿐 아니라 동물보호법 집행관(동물관리 담당관), 애니멀호더, 보호소 종사자, 동물보호단체의 홍보 담당자 등에게 동물학대가 갖는 의미를 탐구했다. 이러한 방식으로 알루크는 각기 다른 경우와 상황과 사람들에 의하여 형성되는 동물학대의 다양한 의미, 그 의미들을 통해 형성되는 동물학대 관련자들의 정체성, 그리고 인간과 기타 동물에 대한 우리 사회의 일관성 없는 태도를 이해할 수 있게 해 준다.

- **동물관리 담당관**animal control officer은 동물경찰animal cop이라고도 불리며 자신이 법적 권위를 통해 동물의 삶을 변화시킬 수 있을 거라는 믿음을 갖고서 업무를 시작한다. 하지만 그 환상은 '진정한' 또는 '법적' 동물학대에 대한 자신의 정의와 거리가 먼 하찮은 불만신고에 파묻히면서 곧 깨져 버리고 만다. 뿐만 아니라 일반인은 이들이 하는 일을 제대로 이해하지 못하고 그저 '경찰을 동경하는 사람'이나 '동물 극단주의자' 같은 존재로 여기기 일쑤이다. 이와 같은 의미의 충돌 속에서 동물관리 담당관은 자신의 권한을 동물보

호 교육 쪽에 가까운, 조언과 지도를 제공하는 방향으로 축소시켜 본다. 하지만 이러한 접근방식은 그다지 효과적이지 않아서, 그들 대부분은 자신에게 실제보다 더 큰 법적 권한이 있는 것처럼 허세를 부리고 엄포를 놓음으로써 동물에게 더 도움이 되는 결과를 이끌어 내고자 한다.

- **애니멀호더**animal hoarder*는 많은 동물을 수집하고 방치하기 때문에 대중에게 나쁜, 미친, 슬픈 존재로 비춰진다. 하지만 이들은 자신의 학대를 '친절과 희생'으로, 자신의 정체성을 '성인saint'으로 재구성한다. 그렇게 본인의 행위를 정당화하고 변명함으로써 자신의 공공 이미지를 재정립하고자 한다.

- **보호소 종사자**shelter worker는 안락사 없는 보호소no-kill shelter, 개방형 보호소open-admission shelter 중 어디서 일하는지에 따라 각기 다른 의미화 방식을 드러낸다. 안락사 없는 보호소에서 일하는 종사자들은 입양 갈 수 있었을 건강한 동물을 안락사하는 것이 가혹한 일이라 생각하며 안락사하는 이들을 나쁘게 본다. 반면 개방형 보호소 종사자들은 안락

---

* 너무 많은 수의 동물을 집착적으로 키우면서 그들에게 적당한 환경과 돌봄을 제공해 주지 못하는 사람을 일컫는 용어 – 옮긴이.

사 없는 보호소가 사립학교마냥 입양 가능성 '최고'인 동물들만 선택해서 받고 마치 창고처럼 동물들을 오랜 시간 케이지에 둔다며, 이는 안락사를 통해 고통을 종식시키는 것보다 더 가혹한 일이라고 생각한다. 이들의 업무가 갖는 도전적 측면 그리고 서로 경합하는 의미 때문에, 양쪽 사람들은 모두 자신의 감정을 잘 관리하고 '좋은 사람'으로 자아감을 유지하기 위하여 고된 노력을 기울인다.

- **동물보호단체의 홍보 담당자marketer**는 대중의 정서적·재정적 지지를 이끌어 낼 수 있는 '아름다운' 사례를 찾기 위해 노력한다. 끔찍한 학대를 당한 뒤 활동가, 보호소 종사자 등의 영웅적 노력으로 살아남아 결국 좋은 가정으로 입양되는 동물들의 호소력 있는 사례는 동물보호 커뮤니티의 정체성과 사기, 연대성 강화에 기여한다.

알루크의 연구를 통해 알 수 있는 것은, 동물학대를 포함한 사회적 현상을 이해하기 위해서는 해당 사건에 대한 관련자 각자의 시각에서 이루어지는 이해를 살펴보아야 한다는 점이다. 동물학대를 '병든sick' 개인들이 저지르는 사건으로 바라보는 전통적·심리학적 접근방식은 동물을 향한 끔찍한 행위에 담긴 전모를 밝혀내지 못한다. 예컨대 앞에서 살펴본 바와 같이 동물학대 아동이 대부분 연쇄살인범이나 아내학대자나 비행청소년으로 성장하는 것은 아니다. 알루크는 동물학대의 의미를 규정하는 표준적이고 객관적인 방식이 존재한다는 관념을 거부한다. 그러면서 서로 경합하는 의미 및 그것이 여러 (인간 및 비인간) 개별 존재와 기관에 초래하는 결과들을 보여 준다. 즉, 다중적으로 규정되는 동물학대의 의미는 (a) 예를 들어 동물관리 담당관과 일반인 사이, 애니멀호더와 더 '정상적인' 반려동물 주인 사이, 안락사 없는 보호소와 개방형 보호소 종사자 사이에 갈등을 빚어 낼 수도 있고, (b) 정체성 구성의 자원이 되기도 하며, (c) 동물과 맺는 관계에 대하여 우리 사회가 갖는 모순적 태도를 보여 주기도 한다.

두 가지 접근방식의 결합 : 여성학대와 반려동물학대에 대한 페미니즘-상호작용론적 설명

동물학대에 관한 전통적 연구는 동물을 정신질환자가 저지르는 폭력의 도구로만 개념화해 왔다. 동물학대가 조금이나마 중요하게 여겨졌다면 그것은 오직 인간과의 연계성 때문이지, 동물을 그 삶과 피해가 학계의 관심과 도덕적 고려대상이 될 만한 가치 있고 권리 있는 개별 존재individual로 보았기 때문은 아니다. 뿐만 아니라 동물은 피학대여성의 정당한legitimate 파트너로도 인식되지 못했다. 이러한 관점은 그 여성의 삶에서 가장 의미 있고 가치 있는 것일 수도 있는 동물과의 관계를 가치절하한다는 점에서 동물뿐 아니라 여성에게도 해로운 것이다.

따라서 여성이 입는 피해와 동물이 입는 피해 사이의 연계성을 검토하고 동물을 개별적 존재(또는 '인격체person')이자 관계의 파트너로 인식하면서 피학대여성의 반려동물을 분석의 중심에 두어야 한다. 페미니즘 이론은 분명 반려동물학대나 여성학대 같은 인간폭력을 설명하는 데 매우 유용한 관점을 제공해 왔다. 앞에서 지적한 바와 같이, 반려동물학대와 여성학대에 관한 연구는 여성과 동물 모두에게 가해지는 남성의 폭력을 설명하며 그 과정에서 젠더, 권력, 통제가 담당하는 강력한 역할을 드러내 왔다. 동물을 인간과의 친밀한 관계 속 역량 있는 그리고 정당한 파트너로서 바라보는 시각까지 갖춘다면, 즉 페미니즘 이론과 상징적 상호작용론을 결합한다면 우리가 바라보는 그림은 더 완전해질 수 있을 것이다(Brennan, 2007 참조).

개별적 존재이자 관계 파트너로서의 동물

미드(Mead)에 따르면 상징적 상호작용론은 말할 수 있는 능력을 요구하기 때문에, 대부분의 사회학자와 특히 상호작용론자들의 경우 긴밀한 관계에 관한 연구를 수행할 때 그 대상을 인간으로 한정해 왔다. 하지만 클린턴 샌더스(Clinton Sanders, 2003)는 이러한 시각이 긴밀한 관계 중 무척이나 흔하고 중요한 형태인 인간과 동물 간의 관계를 배제해 왔음을 비판했다. 샌더스의 주장에 따르면 이 관계에는 인간 사이의 긴밀한 관계에서 드러나는 핵심적 특성이 모두 내포되어 있다. 즉, 인간과 동물 사이의 관계는 빈번히 발생하고, 유형도 다양하며, 정서적으로 강렬하고, 오래 지속되는 상호작용이라는 것이다(Kelley et al., 1983). 샌더스(2003)는 다음과 같이 서술한다.

인간과 인간 사이에만 긴밀한 관계가 맺어진다고 보는 관점은 지나치게 제한적이다. 이러한 관점은 아주 흔하게 맺어지는, 감정이 가득 담긴, 관계 당사자들의 정체성과 자아형성에 큰 역할을 하는 다른 관계를 배제한다. 전통적 사회학자들은 사람과 반려동물 사이의 관계를 무시하거나 폄하해 왔다. 하지만 그 관계를 구성하는 강렬하고 깊고 일상적인 상호작용은 진지하게 주목받을 만한 가치가 있으며 친밀한 교환intimate exchanges을 다루는 사회학의 영역에 충분히 포함될 만하다(p. 406).

인간과 반려동물 사이에 일상적이고 유형화된 상호작용이 어떻게 성립 가능할까? 다시 말해, 어떻게 둘 사이에 긴밀한 관계가 형성될 수 있는 것일까? 샌더스(1993, 1999, 2003), 앨저와 앨저(Alger and Alger, 1997, 1999), 어바인(Irvine, 2004) 등 점점 더 많은 사회학자들이 미드를 포함한 사회학의 전통적 사고에 도전하며 동물은 정신을 가진 사회적 행위자로서 자아가 있고, 타자의 역할취득이 가능하며, 인간(또는 다른 동물)과의 상호작용 속에서 함께 공유하는 의미를 창출할 수 있는, 따라서 상징적으로 상호작용을 하는 것까지 가능한 존재라고 주장해 왔다.

중증장애인 가족의 보호자에 관한 보그단과 테일러(Bogdan and Taylor, 1989)의 연구에 따르면, 중증장애인 가족과 언어소통도 불가능한 상황에서 보호자들은 사회적 정체성의 구성을 통하여 그들을 정신적 존재이자 여전히 함께 상호작용하는 존재로 인식한다. 즉, 말 못하는 중증장애인 타자를 (a) 정신능력이 있는 사회적 행위자로, (b) 본인만의 개성을 지닌 개별 존재로, (c) 상호관계의 파트너로, (d) 가족관계 내에 자신의 사회적 장소를 갖고 있는 정당한 관계 파트너로 인식하면서 그들에게 '인격성personhood'을 부여하는 것이다.

샌더스(1993), 앨저와 앨저(1997)는 각각 개 보호자와 고양이 보호자에 대한 연구를 통해, 이들도 자신의 반려동물에게 인격성을 부여한다는 점을 밝혀냈다. 개와 고양이 보호자들은 모두 본인의 동물을 사고하는 개별 존재로서 관계의 주체이자 가족의 일원으로 여기고 있었다.

반려동물과 함께 사는 피학대여성에 관한 연구에 따르면 이 여성 역시 자신의 반려동물을 사람 같은 존재로 받아들인다. 대부분의 여성이 자신의 반려동물을 가족의 일원으로, 자신의 자녀 같은 존재로 생각한다. 몇 년 전 내가 질적 연구(Flynn, 2000a)를 위한 면접을 진행할 때 두 명의 피학대여성 응답자는 자신의 반려동물 사진으로 가득 찬 앨범을 들고 왔는데, 그것은 인간 자녀와의 경험을 추억하는 부모의 모습과 흡사했다. 그들은 자신의 반려동물을 개성을 지닌 지적인 개별 존재로 설명했다. 자신이 폭행당하는 모습을 목격한 반려동물은 몹시 동요했고, 종종 남성의 공격으로부터 보호해 주려 했으며, 폭력이 끝난 뒤에는 자신을 위로해 주려 했다고 많은 피학대여성이 증언했다. 그 동물들은 스스로의 감정을 표현할 수 있었고, 여성의 정서 상태에도 공명했다. 이 여성들은 자신의 반려동물이 보여 준 의도적intentional · 상호적reciprocal · 사고적thoughtful 행동을 그들이 지닌 정신능력의 증거로 받아들였다.

앞에서 언급한 바와 같이 피학대여성들은 사회적으로 고립되기 때문에 인간관계를 통하여 의미 있는 상호작용을 누릴 수 있는 기회가 제한된다. 그들의 낮은 자존감 또한 타인과 강한 인간관계를 유지하는 데 부정적인 영향을 끼칠 수 있다. 따라서 그들에게 반려동물과의 관계는 매우 중요하고 가치 있는 것일 수 있다. 한 연구는 피학대여성이 자살을 고려하거나 실행할 가능성을 낮추는 데 실제로 반려동물이 도움을 준다는 사실을 밝혀내기도 했다(Fitzgerald, 2007).

자신의 반려동물이 해를 입거나 위협을 당한다는 것은, 중요한 소유물이나 정서적 대상을 잃을 수 있다는 것 이상의 의미를 갖는다. 캐럴 애덤스(Carol Adams, 1995)가 설명한 바 있듯, "반려동물이 상해를 입게 되면, 그 개별적 존재와 맺어온 소중한 관계가 위협받고 파괴된다는 점에서 인간 피해자들은 큰 괴로움을 겪게 된다(p. 59)." 여성들이 자기 반려동물을 사람처럼, 즉 개별적 존재이자 가치 있는 관계의 파트너이자 가족의 일원으로 받아들인다는 점 때문에 반려동물에 대한 학대는 더 두렵고 더 큰 효력을 지닌 행위가 되어 버린다. 당연히 여성학대 남성들은 이 관계가 가진 힘을 잘 이해하고 있기 때문에, 불행하게도 그 관계를 이용하여 가정 내 테러 분위기를 조성한다. "여성 또는 아이들이 동물과 맺는 존중의 관계가 강하면 강할수록, 남성은 그 동물을 해침으로써 여성에게도 더욱 강력하게 해를 끼칠 수 있다(Adams, 1995, p. 77)."

쉼터로 탈출한다고 해도 여성들의 트라우마는 끝나지 않는다. 반려동물을 데려올 수 있도록 허가하는 쉼터의 수가 적기 때문에 여성들은 어쩔 수 없이 그들을 남겨놓고 오게 된다. 연구에 따르면 40~50퍼센트가량의 여성이 반려동물을 학대자인 현/전 파트너에게 남겨놓는다. 당연히 이러한 상황은 여성을 불안하고 걱정스럽게 만든다. 여성들은 반려동물이 잘 지내는지 우려하게 되고, 반려동물을 해치겠다고 위협함으로써 여성을 통제하고자 하는 가해자 앞에 취약한 존재가 되어 버린다. 다행히 그 동물이 더 나은, 더 신뢰할 수 있는 보살핌을 받게 된다 해도 여성(과 아이들)은 비인간 반려자인 반려동물과 분리된 채 그들을 걱정한다.

여성과 긴밀한 관계를 맺고, 학대당하고(심할 경우 살해당하고), 많은 경우 보호받지 못하는 상황에 남겨지는 반려동물의 이 모든 특성들이 결합되어 공포, 죄책감, 비애 등을 내포하는 강력한 형태의 정서적 학대가 완성된다(Faver and Strand, 2003). 많은 피학대여성의 보고에 따르면, 아이 또한 반려동물이 폭력을 당하는 모습을 목격하면서 엄마와 마찬가지로 분노와 무서움의 감정을 경험한다. 아이들이 반려동물에 대한 폭력을 목격함으로써 받게 되는 영향은 엄마에 대한 아빠의 학대가 미치는 영향과 여러 면에서 유사하다. 사랑하는 존재이자 소중한 가족 구성원인 반려동물이 피해를 입는 동안 힘없는 아이들은 폭력을 중단시킬 수 없고, 학대행위가 끝난 뒤 피해동물을 바로 위로해 주는 것조차 많은 경우 허용되지 않는다. 일반적으로 아동, 여성, 동물은 학대로 인하여 통제와 협박과 테러의 분위기 속에 놓이게 된다.

여성과 아이가 반려동물을 분명히 가족의 성원으로 여기고 있다는 점에서, 반려동물에 대한 학대를 아내학대나 아동학대의 또 다른 형태로만 인식할 것이 아니라 그 자체를 별개의 가정폭력 유형으로 개념화해야 한다. 그리고 동물에 대한 가해가 여성에게 해가 되는 만큼, 여성이 학대당할 때 반려동물도 피해를 입는다는 점에 주목해야 한다. 여성이 학대당하는 모습을 목격하며 반려동물은 정서적으로 심하게 동요한다. 그 학대가 일어나는 동안 반려동물은 종종 몸을 떨고 웅크리고 숨고 오줌을 싸는 등의 반응을 보이는데, 이는 스트레스를 받을 때 인간에게 나타나는 신체증상과 유사하다. 요컨대 여성과 동물 모두 타인의 학대로 인한 피해자임을 이해해야 한다. 동물에 대한 남성의 폭력은 여성 (및 아이들) 역시 다치게 하고, 여성에 대한 폭력은 동물 역시 다치게 한다.

이론과 연구를 위한 함의

동물이 개별적 존재이자 정당한 관계 파트너라는 점을 인정하는 것은 연구자에게 흥미롭고 도전적인 기회를 제공한다. 그 점을 인정한다면 동물학대는 인간 정신병의 지표나 여성을 향한 남성 권력/통제의 도구이기만 한 것이 아니라 테러와 고통을 경험하는 개별 존재를 향한 또 다른 형태의 가정폭력으로 받아들여질 수 있고, 따라서 그 자체만으로도 주목받아 마땅한 문제가 된다.

학자들은 동물의 관점에서 동물학대 및 그것이 가정폭력과 맺는 관계를 연구해 볼 수 있다. 반려동물의 '자아성selfhood'에 관하여 주목할 만한 주장을 펼친 샌더스와 어바인(Sanders and Irvine, 2004) 등의 선례를 따라 연구자들은 인격성personhood 관념과 긴밀한 관계close relationships의 개념을 확장시킬 필요가 있다.

반려동물이 사물이나 도구나 상품이 아닌, 정신능력을 지닌 사회적 행위자, 즉 의도성과 상호성을 지닌 존재이자 자신만의 개성을 지닌 개별 존재로 인식될 때, 이들은 인간과 맺는 긴밀한 관계의 완전한 참여자로 받아들여질 것이며, 피해 또한 덜 입을 수 있을 것이다. 그리고 가정폭력 연구자들에게는 피학대여성이 자신의 반려동물과 맺는 관계를 인정하고 검토하는 것 역시 중요하다.

동물학대에 관한 애그뉴의 사회심리학 이론

로버트 애그뉴(Robert Agnew, 1998)는 동물학대에 관하여 현재까지는 거의 유일하게 온전히 틀을 갖춘 이론을 발표한 학자이다. 애그뉴의 사회심리학 이론은 사회학습이론social-learning theory, 긴장이론strain theory, 사회통제이론social-control theory 등 범죄학 이론을 이용하여 왜 사람이 동물을 학대하는지 설명한다. 그의 주장에 따르면 동물학대의 원인을 검토해야 하는 것은 그것이 인간의 대인폭력과 연관되기 때문만이 아니라, 동물이 인간과의 관계와 상관없이 도덕적으로 고려받을 가치가 있는 존재이기 때문이다.

애그뉴의 이론은 획기적인 방식으로 동물학대를 정의한다. 전통적으로 동물학대는 개인 또는 소집단에 의해 저질러지는 것으로서 사회적으로 용인되지 않는socially unacceptable, 의도적인intentional, 그리고/또는 불필요한unnecessary 행위로 개념화되어 왔다. 하지만 그는 이러한 개념에서 벗어나, 동물학대를 "동물의 고통 또는 죽음에 기여하거나 동물의 복지를 위협하는 일체의 행위any act that contributes to the pain or death of an animal or that otherwise threatens the welfare of an animal(p. 179)"로 폭넓게 정의한다. 애그뉴의 동물학대 정의에는 몇 가지 이점이 있다. 즉, 그것은 동물에게 막대한 해를 끼치는 행위(공장식 축산과 동물실험 등)를 배제하지 않고, 강력한 권력을 가진 사회적 행위자의 통념과 거리를 유지하며, 학대를 불법행위만으로 한정하지도 않는다.

애그뉴의 이론은, 먼저 개인이 동물을 가해할 가능성의 증가에 직접적으로 영향을 미치는 개인적 요인 세 가지를 설명한다. 이는 사회학습이론이나 중화이론은 물론 여러 동물학대 문헌을 통해 연구자가 도출해 낸 것으로, 그 내용은 다음과 같다. 사람들이 (a) 본인의 행위가 동물에게 어떤 학대적 결과를 초래하는지 인식하지 못할수록, (b) 자신의 학대행위가 정당화될 수 있다고 믿을수록, (c) 자신의 학대행위로 얻을 수 있는 이득이 손실보다 크다고 여길수록, 동물학대의 발생 가능성은 높아진다.

동물학대가 위 매개변수(첫 번째 요인집합)를 직접적인 원인으로 하여 발생하는 것이라면, 아래의 추가적 요인(두 번째 요인집합)은 동물학대 내의 변이를 설명하는 데 도움이 된다. 즉 (a) 공감empathy, 충동성impulsivity, 자기통제self-control 등의 개인적 특질, (b) 개인의 사회화 정도, (c) 개인의 긴장 또는 스트레스 정도, (d) 개인의 사회통제social control 정도, (e) 대상 동물의 특성 등의 추가적 요인도 직접적으로 또는 ('첫 번째 요인집합'에 미치는 영향을 통하여) 간접적으로 동물학대에 영향을 미친다.

마지막으로, 애그뉴는 사회적 위치(젠더, 나이, 인종, 교육, 직업, 도시/농촌 거주, 종교 등)가 구조적 요인으로 동물학대와 연관된다고 설명한다. 이 사회적 위치 변수들은 동물학대의 직접적인 원인인 '첫 번째 요인집합'에 직접적으로 또는 (보다 많은 경우 '두 번째 요인집합'에 미치는 영향을 통하여) 간접적으로 영향을 미친다.

애그뉴는 자신의 연구가 10년 이상 지난 제한적 실증조사로부터 이끌어 낸 일반 모델이어서 한계를 갖고 있다고 밝힌다. 따라서 앞으로 애그뉴의 이론을 보충하기 위한 여러 후속 연구, 예를 들면 사회적으로 용인되는 동물학대와 용인되지 않는 동물학대를 범주화하는 작업과 함께 어떤 요인이 각각의 학대에 대한 예측변수가 될 수 있을지 밝혀내기 위한 연구가 이루어질 만하다. (예컨대 사회적으로 용인되는 간접적 가해에는 동물학대가 낳는 결과에 대한 무지라는 요인이, 반면에 사회적으로 용인되지 않는 직접적이고 의도적인 동물학대에는 긴장, 사회통제, 개인적 특성 등의 요인이 더 강하게 연관될 수 있다.) 또 변수 사이의 관계에 관한 가설도 세워 볼 수 있다. (예를 들어 동물학대로 인하여 본인이 얻게 되는 이득이 커지면 커질수록, 자신의 행동을 정당화하기 위한 중화기법으로서 개인은 학대를 오히려 멀리할 가능성이 높아질 수 있다. 또 '동물로 인한' 긴장 야기를 원인으로 하는 가해행위는 동물학대의 정당화가 가능해 보이는 상황에서 그 발생 가능성이 높아질 수 있다.) 마지막으로, 향후 연구를 통해 사회제도(정부, 경제, 교육, 종교, 과학 등)의 구조와 관행이 동물학대를 강화하고 영속화하는 방식, 동물에 대한 문화적 규범이 그들에 대한 잘못된 처우를 지지하는 방식을 검토해 볼 수 있을 것이다.

애그뉴의 이론은 동물학대를 체계적으로 설명하기 위한 노력의 산물이다. 의미 있는 이 작업은 이후 학자들이 중요한 후속 가설을 만들어 낼 수 있도록 기여함과 동시에, 미래의 연구를 위한 견고한 이론적 기반을 제공한다.

토론하기

1. 동물학대와 인간폭력 간에 맺어지는 여러 연결 관계(예컨대 여성학대와 반려동물학대, 동물학대와 또래 괴롭힘, 아동기 때의 동물학대와 차후 폭력범죄 등) 속에서 젠더, 권력, 통제의 작동을 확인할 수 있다. 이 세 가지 변수는 어떻게 작동하는지 그 역학관계에 대하여 생각해 보자.

2. 알루크는 아동과 청소년의 동물학대를 규범적 행위로 볼 수 있다고 설명한다. 이는 어떤 의미일까? 이 주장에 동의하는가?

3. 동물학대에 관한 애그뉴의 사회심리학 이론을 근거로 새로운 가설 세 가지를 만들어 보자.

6

정책 제안 및
향후 연구 방향

정책 제안

법률 분야

정책입안자들은 동물학대자를 처벌하기 위한 법을 강화해야 한다. 2011년 현재, 미국 47개 주(및 워싱턴 D.C., 푸에르토리코, 버진아일랜드)의 법규 내에 동물학대를 중범죄로 처벌할 수 있는 조항이 포함되어 있다[Animal Legal Defense Fund (ALDF), 2011; Humane Society of the United States, 2011]. 아직 동물학대를 중범죄로 처벌하지 못하는 주는 아이다호, 노스다코타, 사우스다코타뿐이다.*

---

* 2014년 사우스다코타 주를 마지막으로, 이제는 미국의 전 지역에서 동물학대를 중범죄로 처벌하는 것이 가능해졌다. – 옮긴이.

이는 동물학대를 중범죄로 처벌할 수 있는 주의 수가 10개도 되지 않았던 1990년대 초반 이후 매우 빠른 속도로 변화한 것이다. 그동안 동물학대가 향후 인간폭력 발생의 지표가 될 수 있다는 주장 등이 신뢰를 얻으면서, 동물학대를 엄하게 처벌하는 법률이 성공적으로 제정되어 왔다.

2006년부터 동물법률보호기금ALDF, Animal Legal Defense Fund은 미국 각 지역의 동물보호법이 지닌 영향력과 적용범위를 기준으로 전체 50개 주(및 미국 자치령)의 순위를 매겨 매년 발표하고 있다. 동물법률보호기금에 따르면 2011년 최고의 동물보호법을 가진 다섯 개 주는 1. 일리노이, 2. 메인, 3. 미시간, 4. 오리건, 5. 캘리포니아였으며, 반대로 최악의 동물보호법이 있는 다섯 개 주는 1. 켄터키, 2. 노스타코타, 3. 아이다호, 4. 아이오와, 5. 사우스다코타였다.[*]

법원은 이혼, 양육권, 접근금지명령 등의 사안을 다룰 때 반려동물 그리고 여성이 반려동물과 맺는 관계를 심각하게 고려해야 한다. 예컨대 반려동물학대는 가해자가 자녀 보호자로도 부적당함을 보여 주는 강력한 증거가 될 수 있으며, 피학대여성이 가정을 잃지 않고 자신과 아이와 반려동물을 위한 보호명령을 받아내는 데 도움이 될 수 있다. 그동안 피학대여성들은 형사사법제도 내에서 제한적 성과들을 얻어냈다. 이와 함께 반려동

---

[*] 최근 순위는 ALDF 홈페이지(http://aldf.org)에서 확인할 수 있다. – 옮긴이.

물을 학대하는 여성학대 남성에 대한 엄격한 법집행은 과거에는 폭력에 대한 책임을 면할 수 있었던 가해자들이 유죄판결을 받도록 하는 강력한 무기가 될 수 있다. 동물학대의 증거가 있으면 검사는 여성에게 보호명령 및 가정과 아이에 대한 권리를 보장해 주고 가해 남성을 체포할 수 있는 기회를 더 많이 갖게 된다. 점점 더 많은 반려동물이 보호명령 대상에 포함되고 있다. 2011년 8월 현재*, 21개 주(및 워싱턴 D.C.와 푸에르토리코)의 관련 법 내에 반려동물을 위한 가정폭력 보호명령 조항이 포함되어 있다 (Wisch, 2011).

동물학대와 가정폭력 사이의 링크에 대한 인식은 동물관리 담당관animal control officer과 인간 서비스human service 담당인력 간의 교차교육 및 교차의뢰에 대한 필요성으로 연결된다. 양쪽 담당자 간의 정보공유 정책은 폭력의 피해자인 인간과 동물 모두에 대하여 더 효과적인 대응을 가능케 한다. 미국링크연합National Link Coalition에 따르면(Arkow, 2011), 2011년 현재 3개의 주(웨스트버지니아, 일리노이, 코네티컷)에서 교차보고를 하도록 되어 있고, 몇몇 주의 경우 한 쪽의 학대에 대해서만 보고 의무가 있다. 즉, 아동보호 담당자가 동물학대 여부를 보고해야 하거나(루이지애나, 매사추세츠, 네브래스카, 테네시), 반대로 동물관리 담당관이 아동

---

* 2017년 현재, 미국에서 반려동물을 위한 가정폭력 보호명령 조항이 있는 주는 32개 주(및 워싱턴 D.C., 푸에르토리코)이다. – 옮긴이.

학대 여부를 보고해야 한다(캘리포니아, 콜로라도, 오하이오, 버지니아). 일부 주에서는 이러한 보고가 의무사항은 아니어서, 아동보호 담당자가 동물학대를 보고하는 것이 '가능'하거나(메인, 캘리포니아, 오리건), 동물관리 담당자가 아동학대를 보고하는 것이 '가능'하다(메인)*(캐나다의 교차보고 정책에 대한 자료는 Zilney and Zilney, 2005 참조).

한편 법원이 유죄판결을 받은 동물학대자에게 상담을 받도록 하는 사례도 점점 늘고 있다. 2011년 현재, 27개 주에서 동물학대로 유죄판결을 받은 이들에게 법원의 상담 명령 또는 권고가 내려지고 있다.

법 정책과 관련하여 법률, 판사, 검사는 동물을 범죄행위의 정당한 피해자legitimate victim로 인정해야 한다. 이는 반드시 이루어져야 하는 것으로, 단순히 동물학대를 더 심각한 문제로 받아들여야 한다는 것 이상의 의미이다. 즉, 법 안에서 동물이 갖는 지위가 더욱 높아져야 한다. 반려동물이 '인격체person'가 아닌 재산으로, 즉 가족이 아닌 가구인 것처럼 받아들여지는 한 그들이 겪는 학대는 계속 사소한 문제로 남게 될 것이다.

동물학대를 심각한 문제로 받아들여야 하는 이유는 인간에게 끼치는 영향 때문만이 아니다. 동물학대를 규제하는 법이 느슨하

---

* 최신자료로 업데이트된, 더 자세한 내용은 미국링크연합 홈페이지(national linkcoalition.org)에서 확인할 수 있다. ─ 옮긴이.

게 집행되면 동물이 겪는 고통은 막대해진다. 그렇기 때문에 동물학대자는 동물학대 행위와 인간에 대한 폭력 사이의 링크 유무와 상관없이 처벌받아야 한다.

임상 및 인간 서비스 분야

사회복지 영역(아동보호 서비스, 성인보호 서비스, 학교, 정신건강클리닉, 의료클리닉 및 병원, 가정폭력 쉼터 및 핫라인, 청소년사법센터 등)에서 클라이언트의 상황을 파악하기 위한 면접을 진행할 때 내용 안에 동물 및 동물학대에 관한 질문이 포함되어야 한다 (Faver and Strand, 2008). 피학대여성 쉼터에 관한 한 연구(Ascione, Weber, and Wood, 1997)에 따르면, 쉼터 종사자들이 동물학대와 가정폭력 간의 링크를 인식하고 있을지는 몰라도 반려동물에 대한 학대가 있었는지 여성에게 질문하는 경우는 소수에 불과했다.

반려동물이 있는 피학대여성을 대하는 이들은 여성(과 그 자녀)이 반려동물과 맺는 관계를 중요하게 받아들여야 한다. 예를 들어 쉼터 종사자들은 여성에게 반려동물이 있는지 묻기만 할 것이 아니라 그들의 관계를 존중해야 한다. 가해자를 떠나 쉼터에 온 여성, 특히 아이가 없으면서 반려동물 또한 학대의 피해자인 여성의 경우 동물에 대한 정서적 반응(걱정, 죄책감, 두려움, 염려, 슬픔)이 무시되고 사소한 일로 치부되는 것만큼이나 마음의 짐이 커지는 일은 없다. 피학대여성이 자신의 동물과 맺는 관계의 중요성은 (특히나 적지 않은 이들이 반려동물에 대한 염려 때문에 가해자로부터 떠나는 것을 미루는 상황에서) 모든 쉼터가 반려동물을 위한 서비스를 제공해야 할 필요성으로 이어진다. 반려동물도 함께 받아들이는 쉼터의 수가 많지는 않지만, 피학대여성의 반려동물의 위탁보호 프로그램은 점점 더 늘어나고 있다(Ascione et al., 2007; Kogan, McConnell, Schoenfeld-Tacher, and Jansen-Lock, 2004).

스트랜드와 페이버(Strand and Faver, 2005)는 피학대여성과 반려동물 간의 긴밀한 관계가 사회복지사들에게 주는 함의를 논의하면서, 반려동물에 대한 여성(그리고 아이들)의 애착 정도를 파악하는 것이 중요함을 강조했다. 반려동물에 대한 강한 애착은 여성의 쉼터 입소 결정에, 또 반려동물과 분리되는 상황에 대한 정서적 반응에 영향을 미칠 수 있다. 스트랜드와 페이버(Strand and Faver, 2005, p. 54)에 따르면

만약 피학대여성이 (a) 반려동물을 자신의 아이 같은 존재로 여기거나, (b) 반려동물을 가족으로 여기거나, (c) 자신의 반려동물이 힘든 시간 또는 중요한 삶의 전환기를 거쳤다고 여기거나, (d) 본인이 반려동물을 또는 반려동물이 본인을 '구했다'고 여기거나, (e) 이전에 반려동물을 잃은 슬픔으로 매우 힘든 시간을 보낸 적이 있다면, 이들은 반려동물에 대해 강한 애착을 갖고 있는 것으로 볼 수 있다.

쉼터의 서비스는 반려동물 보호자들에게 실용적인 도움을 주는 것까지 확대되어야 한다. 많은 수의 쉼터가 피학대여성의 반려동물을 위한 임시 또는 응급 보호소나 응급 서비스를 제공하지 않는다. 쉼터 입소자의 반려동물이 수의학적 혜택을 제대로 받지 못하고(Ascione, Weber, and Wood, 1997) 또 여전히 많은 수의 동물이 가해자의 곁을 떠나지 못한 채 위험에 처하는 상황에서, 이런 서비스의 부재는 동물에게 크나큰 해로 다가온다. 쉼터는 지역 동물보호소 및 위탁보호 자원활동가와 협력하여 반려동물에게 임시거처를 제공함과 동시에, 지역수의사와 함께 의료혜택 또한 제공할 수 있어야 한다.

아이를 대하는 임상의와 특히 아동·아내 학대의 피해자를 직접 대하는 상담자 및 사회 서비스 제공자는 그들에게 동물에 대한 폭력이 있었는지 여부를 물어야 한다. 상담 프로그램은 자신의 반려동물과 별거하거나 사별함으로써 갖게 되는 감정 역시 중요한 문제로 다뤄 피학대여성을 도울 수 있어야 한다. 또한 피학대여성의 아이들은 동물학대를 목격함으로써 트라우마를 입었거나 학대를 학습했을 수 있으므로 이들에 대한 관심도 필요하다(Ascione, 1998; Ascione, Weber, and Wood, 1997).

상담자들은 동물을 학대하는 아이들이 다른 형태의 인간폭력도 저지를 수 있음을 인식해야 한다. 동물학대의 실행 또는 목격 모두 아이들에게 한동안 심리적 피해를 입힐 수 있다. 동물학대를 경험함으로써 나타날 수 있는 반응에는 상실감, 동물학대를 막지 못했다는 죄책감, 비애 등이 있으며 때로는 감정반응을 전혀 보이지 않을 수도 있다.

동물학대자, 특히 학대 청소년을 위한 상담 프로그램 또한 중요하다. 1999년 개발된 '동물학대 치료를 위한 애니케어 모델 AniCare Model of Treatment for Animal Abuse'은 성인 동물학대자를 위한 첫 번째이자 가장 성공적인 심리학적 개입 프로그램이다(Jory and Randour, 1999). 그뒤를 이어 17세 미만의 청소년 범법자를 대상으로 한 '애니케어 차일드AniCare Child'가 개발되었다(Randour, Krinsk, and Wolf, 2002). 아내학대자들에 대한 접근방식과 유사하게 '애니케어'는 인지행동적 접근방식을 통해 동물학대자들이 자신의 행동에 대한 책임을 받아들이도록 직접적으로 개입하는 프로그램이다. 그들에 대한 평가와 치료 과정에서 '애니케어'가 중요시하는 일곱 가지 핵심개념은 다음과 같다. 책임accountability, 존중respect/자유freedom, 상호성reciprocity, 수용accommodation, 공감empathy, 애착attachment, 돌봄nurturance.

교육 분야

교육자들은 아이와 가족이 직면하게 되는 폭력 및 여러 문제와 동물학대가 어떻게 연계되는지 잘 인식하고 그것을 심각한 문제로 받아들여야 한다. 앞에서 밝혔듯 미국 60퍼센트 이상의 가구가 반려동물과 함께 살고 있으며, 대부분은 반려동물을 가족의 성원으로 받아들이고 있다. 특히 취학연령의 아동과 청소년이 있는 가정에는 반려동물이 있을 가능성이 높기 때문에 동물과 인간 사이의 학대적 상호작용이 존재할 가능성 또한 그만큼 높다고 할 수 있다. 아울러 학교 교직원들은 동물학대가 '또래 괴롭힘bullying의 가해와 피해 경험' 모두와 갖는 연계성을 인식하면서 동물가해와 또래 괴롭힘 사이의 링크 관계를 항상 염두에 두어야 한다.

인간폭력을 예방하고 줄이기 위해서도 모든 생명, 즉 인간과 동물에 대한 존중과 연민을 교육하고 강화하기 위한 노력이 중요하다. 동물학대가 인간폭력과 연관이 있다면 그 반대의 경우 역시 마찬가지이다. 즉, 아동이 동물과 긍정적·공감적 상호작용을 할 수 있도록 독려한다면 이는 동물에 대한 폭력 및 차후 인간에 대한 폭력 모두를 감소시키는 데 기여할 수 있다. 특정 학년의 초등학생을 대상으로 1년간 동물에 대한 인도성人道性 교육humane-education을 진행해 본 결과, 이들은 동물에 대해 더 긍정적인 태도를 갖게 되었으며, 그 변화는 인간을 향한 공감에까지 긍정적인 영향을 끼쳤다(Ascione, 1992). 번Beirne의 설명에 따르면, "동물에게 연민을 가진, 또는 연민을 갖도록 교육받은 아이일수록 인간에게도 더 세심하고 조심스럽게 행동하는 어른으로 성장할 가능성이 높으며… 이는 발전 테제progression thesis의 타당한 귀결이다(Beirne, 2004, p. 55)."

최근 점점 더 많은 대학과 대학원이 인간동물학Human-Animal Studies 과정을 개설하여 동물학대 및 그것이 인간폭력과 맺는 관계 등의 문제를 다루고 있다.* 예를 들어 애리조나 주립대학교의 사회복지대학에는 학사후과정으로 동물학대Treating Animal Abuse 프로그램이 개설되어, 아동 및 성인 동물학대자를 대하는 인간 서비스 활동을 위한 교육이 진행되고 있다.

덴버 대학교의 사회복지대학원 석사과정에 개설된 동물매개 사회복지 수료과정Animal-Assisted Social Work Certificate에서도 동물학대와 사람에 대한 폭력 사이의 링크 문제를 다룬다. 같은 대학원에 있는 인간-동물 연계성 연구소The Institute for Human-Animal Connection는 동물학대 및 그것이 다른 형태의 폭력과 맺는 관계 등 인간과 동물 사이의 다양한 상호작용을 연구하고 교육하는 센터이다.

조 웨일Zoe Weil이 1996년에 설립한 인도성 교육 연구소IHE, Institute for Humane Education는 교육자를 위한 교육기관이다. IHE는 미국에서 최초로 인도성 교육을 위한 석사과정과 수료과정을 개설했는데, 현재 밸퍼레이조 대학교와 함께 운영하고 있는 다섯 개의 학위/수료 프로그램은 미국과 캐나다에 유일하게 개설되어 있는 인도성 교육 대학원 과정이다.**

---

* 전체 리스트는 동물과 사회 연구소의 웹사이트 참조. www.animalsandsociety. org/human-animal-studies/degree-programs.
**IHE의 웹사이트 참조. humaneeducation.org/graduate-programs.

앞으로의 연구 방향

경험적 연구를 기다리고 있는 관련 주제는 무궁무진하다. 먼저 동물학대의 구조적 요인에 대한 탐구가 필요하다. 예를 들어 동물학대에 인종race과 민족집단ethnicity이 어떤 역할을 하는지 우리는 잘 모른다. 문화적·하위문화적 규범에 대한 지식도 동물학대에 대해 서로 다른 사회 또는 사회집단 간에 나타나는 반응 차이를 이해하는 데 도움이 될 것이다. 또 미디어는 동물학대에 대한 대중의 반응과 지식에 어떤 영향을 미치고 있을까?

보다 실용적인 연구로, 동물학대 방지를 위한 법과 사회정책이 갖는 실효성도 분석해 볼 수 있다. 예컨대, 중범죄 수준 동물학대의 증가는 그에 대한 기소 및 유죄판결률의 증가로 이어졌을까? 인간 서비스 담당인력에게 동물학대를 교차보고 하도록 한 규정은 동물학대 사건을 적발하는 데 얼마나 도움이 되었을까? 청소년 범죄자에 대한 상담의무화 조처는 얼마나 효과가 있었을까?

동물학대 정의하기

동물학대 연구는 초기 가정폭력 연구가 그랬듯이 정의definition의 문제에 부딪혔다. 앞에서 언급했듯이(Agnew, 1998) 동물학대의 개념 내에는 일반적으로 행동의 의도성 여부, 불가피성 여부, 사회적 용인 여부라는 세 가지 요소가 포함되어 왔다. 가장 널리 받아들여지고 있는 것은 아시온(Ascione, 1993, p. 28)

의 정의로, 동물학대는 "동물에게 의도적으로 불필요한 고통 그리고/또는 죽음을 야기하는, 사회적으로 용인되지 않는 행위 socially unacceptable behavior that intentionally causes unnecessary pain, suffering, or distress to and/or death of an animal"이다. 이 정의에 따르면 방치 또한 동물학대에 포함되지만 의도적 행위일 경우라는 조건이 붙는다. 그리고 이 정의에서 공장식 축산, 동물실험, 사냥처럼 법적·사회적으로 용인되는 (보통 '불가피한' 것으로 여겨지는) 행위들은 동물학대에 포함되지 않는데, 사실 이것들이야말로 동물에게 가장 크게 해가 되는 행위이다.

버뮬런과 오덴달(Vermeulen and Odendaal, 1993)은 반려동물학대에 대하여 다음과 같은 정의를 제안한 바 있다. "인간이 의도적으로, 악의적으로, 무책임하게, 뿐만 아니라 의도성 없이 혹은 자기도 모르게 반려동물로 하여금 생리적인 그리고/또는 심리적인 고통과 결핍, 그리고 죽음을 겪도록 하는 것intentional, malicious, or irresponsible, as well as unintentional or ignorant, infliction of physiological and/or psychological pain, suffering, deprivation, and the death of a companion animal by humans." 이는 의도성 없는, 불가피한 것으로 여겨지는, 사회적으로 용인되는 행위까지 학대에 포함시킬 수 있다는 점에서 범위는 더 넓지만, 반려동물에 한정된 정의였다.

연구자들은 다음과 같은 문제를 고민하면서 자신의 개념적 정의를 다듬을 필요가 있다.

• 구체적으로 어떤 행위가 학대에 포함되어야 할까?

- 심리적/정서적 학대를 물리적 폭력과 나란히 동물학대에 포함시켜야 할까?
- 의도적 행위만을 학대에 포함시켜야 할까?
- 동물학대는 반려동물이나 척추동물 같은 특정 종에게만 해당되는 것일까?
- 학대를 개인이나 소집단에 의한 행위만으로 제한해야 할까, 아니면 제도와 시스템에 의한 폭력까지 포함시켜야 할까?
- 동물학대는 오늘날 통용되고 있는 사회적 규범에 의해 정의되어야 할까? 아니면 그 행위가 사회적으로 용인되는 것인지, 불가피한 것인지, 동물이 어떤 법적 지위를 누리고 있는지와 상관없이 동물이 입게 되는 피해를 고려하여 정의되어야 하는 것일까?

앞 장에서 소개한 바 있는 애그뉴의 동물학대 정의("동물의 고통 또는 죽음에 기여하거나 동물의 복지를 위협하는 일체의 행위")는 기존의 정의가 갖고 있는 문제로부터 자유롭다. 이처럼 동물학대에 대하여 더 넓고 포괄적인 정의를 채택하면 개인적인 것이든 제도적인 것이든 상관없이 사회적으로 용인되는, 합법적인, 동물에게 가장 해가 되는 행위까지 학대에 포함시킬 수 있다는 이점이 생긴다(예컨대 사냥, 공장식 축산, 동물실험 등이 모두 포함될 수 있다). 그리고 이 정의는 강력한 권력을 지닌 인간들에게 통용되는 믿음과 거리를 유지할 수 있다.

측정과 표본

정의를 둘러싼 이 같은 혼란은 동물학대에 대한 조작적 정의 operational definition의 문제로 이어진다. 공식적인 동물학대 범죄 기록에 의존하는 연구는 측정을 위해 학대를 조작화하는 과정에서 그것을 불법행위로만 한정시키게 되는데, 가정폭력의 경우에도 그렇듯 실제로 발생하는 학대행위의 많은 수가 범죄로 인정되지 않고 있다. 뿐만 아니라 주에 따라 동물학대를 규정하는 법규 내용이 다르다. 공식기록이 갖는 가장 심각한 문제는 동물학대의 발생정도가 축소되고 특성이 왜곡되는 경향이 있다는 점이다. 즉, 가장 끔찍하고 가시적인 사례 위주로 집계되고, 극단적이지는 않지만 다양한 방식으로 발생하는 많은 사건이 집계되지 않는다(Beirne, 2004).

그리고 타당성과 신뢰성이 높은 동물학대 측정이 필요하다. 개인의 자가보고self-report를 이용하는 연구는 대부분 지금껏 서로 다른 도구를 사용해 왔는데, 동물학대의 빈도 및 출현율에 관한 자료의 신뢰성을 위해서뿐 아니라 여러 연구 및 인구집단 간의 의미 있는 비교를 위해서도 표준화된 측정이 필요하다.

지난 십수 년간 동물학대 측정법 몇 가지가 개발되었다. 그중 하나는 이탈리아 취학아동에 대한 조사를 위하여 개발된 P.E.T.Physical and Emotional Tormenting against Animals 척도이다(Baldry, 2004). 이 척도는 9개의 항목으로 이루어져 있는데, 5개는 본인의 동물학대 방식에 관한 항목(괴롭힘bothering, 고통 주기tormenting,

가해하기harming, 가혹하게 대하기being cruel, 구타hitting)이고, 나머지 4
개는 누구의 동물학대를 목격했는지에 관한 항목(아버지, 어머니,
또래, 기타 성인)이다. 응답자들은 리커트 척도법Likert-type scale에
따라 1번(전혀 없음)에서부터 5번(매우 자주)까지의 번호 중 하나를
택함으로써 자신이 해당 행위를 얼마나 많이 저질렀거나 목격했
는지 답한다. 볼드리에 따르면 "이 척도는 임상진단의 목적으로
서가 아니라(11세에서 18세 사이의 청소년들이 저지르는, 고통 주기나
괴롭힘같이 더 미묘하고 연구가 부족한 유형을 포함한) 여러 학대 유
형의 빈도 및 출현율을 쉽게 측정할 수 있는 도구로 개발된 것이
다(2004, p. 11)."

또 다른 평가방법으로 CAICruelty to Animals Inventory(Dadds et al.,
2004)를 들 수 있다. 여기엔 부모 보고와 아동들의 자가보고 내용
을 모두 포함하는 방식, 그리고 가이머 등(Guymer, Mellor, Luk,
and Pearse, 2001)이 개발한 부모 보고 도구를 사용하는 방식이 있
다. 이 두 가지 방식은 모두 호주 아동에 대한 연구를 위해, 과거
아시온 등(Ascione et al., 1997)이 설계한 CAAIChildren and Animals
Assessment Instrument에 기반하여 만들어진 것이다. CAAI는 아이들
을 대상으로 하는 반구조화 면접법semi-structured interview을 통해 동
물학대의 아홉 가지 측면을 평가한다. 구체적 항목은 다음과 같
다. 심각도, 빈도, 지속기간, 최근 사례, 학대의 종류 및 각 학대
별 피해동물의 수, 피해동물의 고통 지각력 수준, 은밀성(동물학
대 행위를 숨기려는 시도가 있었는지의 여부), 행위의 고립성(학대가

단독행위인지 타인과 함께 저지른 행위인지의 여부), 공감(학대아동이 본인의 행동에서 느끼는 후회 및 피해동물의 복지에 대해 갖는 염려의 정도).

아동에 의한 동물학대 연구를 위해 설문조사 작업을 할 때 연구자는 응답의 주체가 누구인지도 잘 인식하고 있어야 한다. 아동에 의한 동물학대가 있었다는 대답이 아동 본인의 자가보고에서보다 부모의 보고에서 더 낮게 나타나기 때문이다. 즉, 부모는 자신의 아이가 동물에게 폭력을 가할 가능성을 더 낮게 잡는다고 볼 수 있다(Ascione, 2001; Baldry, 2003).

동물학대는 가정폭력만큼이나 전국 데이터의 확률적 표본을 필요로 하는 분야이다(Gelles and Straus, 1988; Straus, Gelles, and Steinmetz, 1980). 동물학대의 더 나은 개념적·조작적 정의를 위해서는 모집단을 더 잘 반영하는 대표표본representative sample과 더 좋은 자료가 요구된다. 취학아동 및 대학생 등의 비임상표본을 사용하는 연구가 더 많기는 하지만 아직도 꽤 많은 연구가 임상 및 범죄집단 자료를 통해 이루어지고 있다. 이 글을 쓰고 있는 시점에도 미국 성인의 전국 대표표본을 활용하여 동물학대의 발생 정도를 조사한 연구는 단 한 개(Vaughn et al., 2009)에 불과하며, 이마저도 다른 목적으로 수집된 자료를 사용하여 단일항목만으로 동물학대를 측정한 것이다. 번Beirne 등 많은 이들이 동물학대에 대한 정부자료가 없다는 문제를 지적해 왔다. "이렇게 기술이 발달한 사회임에도 동물학대의 빈도 및 출현율을 제대로 파악할 수 있는, 경찰기록에 근거한 대규모 자료가 존재하지 않는다. 동물학대에 대한 대규모의 자가보고 연구도, 가정 내 피해에 대한 설문조사도 없다(Beirne, 2004, p. 41)."*

마지막으로 지금껏 동물학대와 다른 형태의 폭력 사이에 인과적 연계성을 수립하고자 한 연구는 대부분 현시점에서 과거를 돌아보며 조사하는 후향적 연구였거나 한 시점만을 기준으로 조사하는 횡단적 연구였다. 동일집단을 대상으로 장기 조사를 진행하는 종단적 연구는 아직 부재한 상황이다.

질적 연구

측정, 표집, 연구설계 등 양적 연구에 관한 여러 문제만큼이나 질적 연구방법론에 대해서도 심각하게 고민해야 한다. 알루크 등의 연구자들이 보여 준 바 있듯, 여러 연구 참여자에게 동물학대가 갖는 의미는 그들의 행위를 이해하고 설명하는 데 매우 중요하다. 가해자만 이야기하는 것이 아니다. 학대자의 부모 및 가족, 반려동물과 함께 사는 피학대여성, 법집행관 및 동물관리 담

---

* 그러나 상황은 빠르게 변화하고 있다. 현재 미국의 범죄통계는 연방수사국(FBI)이 운영하는 표준범죄보고(UCR, Uniform Crime Reports)와 전국사건기반보고 시스템(NIBRS, National Incident-Based Reporting System)을 중심으로 관리되는데, 지난 2014년 UCR과 NIBRS가 제공하는 (살인, 강도, 폭행 등의) 범죄 데이터 항목에 동물학대를 포함시키는 안이 통과되었다. 이에 따라 FBI는 2016년 미국 전역의 동물학대 데이터를 취합하는 통계화 작업을 시작했다. - 옮긴이.

당관, 검사와 판사 등 다른 동물학대 관련인의 관점도 고려되어야 한다. 이러한 노력하에서, 연구자는 동물학대의 가장 중요한 피해자인 동물 당사자의 관점을 연구 속에 담아내기 위한 방법을 계속 고민해야 할 것이다.

이론과 이론 개발

동물학대와 다른 형태의 인간폭력, 특히 가정폭력 사이에는 중첩되는 부분이 많기 때문에 가정폭력 분야의 이론적 접근은 동물학대에 대한 탐구에도 도움이 된다. 뿐만 아니라 지난 수십 년간의 가정폭력 연구는 동물학대가 다른 친밀한 관계 속 폭력과 마찬가지로 심리학적 모델만으로는 제대로 설명될 수 없음을, 사회적·문화적 요인에 근거한 이론의 개발이 중요하다는 점을 일깨워 주었다.

가정폭력 문헌들은 부모간 폭력의 목격이 아동의 폭력행위(Straus, Gelles, and Steinmetz, 1980)뿐 아니라 폭력을 더 용인하는 태도(Owens and Straus, 1975)에도 영향을 미친다는 점을 지적해왔다. 동물학대의 목격에 관한 초기 연구 역시 이와 유사한 면모를 밝혀냈다(Baldry, 2003; Flynn, 2000b). 예를 들어 아동기 때의 동물학대 목격은 (특히 소년의 경우 더더욱) 아동기의 동물학대 행위는 물론 또래 괴롭힘 및 청소년비행으로도 연결되는 경향을 보였다. 뿐만 아니라 몇몇 경험적 증거에 따르면 많은 학생이 오래전의 동물학대 목격 경험에 대해 여전히 속상함을 느끼며, 자신이 직접 저질렀던 동물학대보다 오히려 타인의 동물학대를 목격했던 경험에서 더 불편함을 느낀다(Flynn, 2000b). 동물학대 행위 자체에 대한 이론뿐 아니라 동물학대에 노출된 이들이 어떤 영향을 받는지 설명해 줄 수 있는 이론 또한 개발되어야 한다.

가정폭력의 패러다임 너머에도 동물학대 문제에 적용하기 좋은 주요 사회학·범죄학 이론이 있다. 앞에서 살펴본 상징적 상호작용론 및 페미니즘의 관점, 애그뉴의 이론 등이 그 예이다. 긴장이론이나 사회통제이론 같은 범죄학 이론을 활용하면서 애그뉴(1998)는 동물학대 이론의 개발을 위한 훌륭한 준거틀을 제공했다. 그가 제시한 가설은 실증적 연구를 통해 더욱 개선될 수 있을 것이다. 관련하여 우리가 앞으로 어떤 연구를 하면 좋을지를 이 책의 5장에서 생각해 보았다.

동물학대 분야에 적용할 수 있는 또 다른 이론으로 스트라우스(Straus, 1991, 1994)의 '문화적 파급 이론cultural spillover theory'을 들수 있다. 스트라우스에 따르면, 문화적으로 용납되는 폭력의 정도가 높을 경우 그것은 파급효과를 통해 불법적 폭력에까지 영향을 미칠 수 있다. 예를 들어 미국에서 합법적 폭력, 즉 사회적으로 용납되는 비범죄폭력의 정도가 가장 높은 것으로 (사냥면허증 판매량, 폭력적 내용이 실린 잡지의 발행부수, 사형률, 학교체벌의 법적 허용 등의 지표측정을 통하여) 드러난 주들이 살인율 또한 전국에서 가장 높았다(Baron and Straus, 1988). 또 부모에게 (합법적 폭력의 또 다른 형태로서) 엉덩이를 자주 맞은 아이들은 청소년이나 성인이 되어 폭력행위를 저지를 가능성이 높았다. 동물학대에서도 이와 유사한 관계를 확인할 수 있을 것이다. 동물이 사회적으로 용인되는 방식의 가해를 많이 받을수록, 개개인이 동물을 학대할 가능성 또한 높아지면서 동시에 개인 및 사회제도가 그것을 제재할 가능성은 낮아질 수 있다.

동물학대 속에서 젠더·권력·통제가 담당하는 역할, 동물학대와 다른 폭력 간의 연계성은 많은 연구가 반복적으로 다루고 있는 주제이다. 어릴 적 동물을 가해했던 이가 지금 연쇄살인범이나 다른 폭력의 범죄자일 수 있고, 동물을 가혹하게 대하는 이가 실은 또래 괴롭힘의 가해자나 피해자였을 수 있다. 또 가정 내에서 반려동물을 해치거나 그러겠다고 위협하며 여성에게 폭력을 가하는 사람도 있다. 어떤 경우든 간에, 인간과 동물 모두에게 자신의 권력과 통제를 행사하기 위하여 남성들이 저지르는 동물학대 행위는 앞으로 더욱 연구되어야 하는 현상이다.

그리고 동물학대 행위가 사람에 대한 폭력으로 이동 또는 발전한다는 가설과 관련해서는 더 강력한 근거가 필요하다. 물론 이 연계성에 관한 이론적 논의도 중요하지만, 연구자들은 종단적 연구방식과 비임상표본을 활용하여 링크의 더 분명한 근거를 찾아내야 한다.

마지막으로, 연구자들이 링크에 대한 탐구 영역을 동물에 대한 불법폭력이나 개인/소집단에 의한 폭력으로만 제한하지 않는 것은 어떨까? 다시 말해, 학자들이 탐구의 영역을 (불법적인 것이든 합법적인 것이든, 사회적으로 용인되는 것이든 안 되는 것이든) 동물에 대한 모든 형태의 폭력으로 확대해 보는 것이다. 동물학대에 대하여 애그뉴의 포괄적인 정의를 채택한다면 연구자들이 어떠한 질문을 던져 볼 수 있을까? 개인적 차원에서는 다음과 같은 질문이 가능할 것이다. 사냥꾼들은 친밀한 파트너 학대, 성폭력, 그리고/또는 아동이나 동물 학대를 저지를 가능성이 다른 사람에 비해 더 높을까? 도축장 종사자들은 비폭력적 산업의 노동자에 비해 인간 및 비인간 동물에게 폭력을 가할 가능성이 더 높을까?

하지만 개인적 차원에서 그치지 않고, 동물에 대한 제도화된 폭력과 인간에 대한 범죄 사이의 연계성까지 검토하는 것이 무엇보다 중요하다. 이와 관련하여, 번(Beirne, 2004, p. 54)은 다음과 같이 주장한다.

인간동물학human-animal studies의 영역에서, 용인되는 행위와 용인되지 않는 행위를 구분하는 사회적 정의들은 과학적 근거에 기반한 것으로 받아들여지지 않는다. 이러한 정의들의 기준은 대개 인간중심적이고, 임의적이며, 쉽게 변한다. … 동물학대와 인간폭력 간의 링크는 동물을 학대하거나 방치하는 개인에게서뿐 아니라, 제도화된 사회적 관행, 즉 대부분 사회적으로 용인되는 것으로 받아들여지는 일상적이고 광범위한 동물학대에서도 분명히 찾을 수 있다.

이 문제를 탐구해 온 대표적인 사회학자로는 칼로프와 피츠제럴드(Kalof and Fitzgerald, 2003; Fitzgerald, Kalof, and Dietz, 2009)를 들 수 있다. 그들은 개인적 차원과 제도적 차원 모두에서, 사회적으로 용인되는 폭력에 주목해 왔다. 연구 초기에 그들(Kalof and Fitzgerald, 2003)은 유명 사냥잡지 14종에 나타난 '트로피 trophy*로 동물 신체의 시각적 재현을 분석한 후, 그 이미지들의 묘사방식이 사냥당한 동물에 대한 가해를 기념함과 동시에 숨기고 있다고 주장했다. 칼로프와 피츠제럴드는 이 문제를 남성의 폭력에 대한 페미니즘 논의와 결합시키며, 동물을 사냥하고 그들을 트로피로 전시하는 행위의 기저에 놓인 것은 자연과 동물에 대한 사랑이 아닌 지배와 가부장제의 이데올로기라는 결론을 내린다. 이 이미지 속 인물이 거의 모두 (역시 사냥꾼의 대부분을 차지하는) 백인 남성이라는 점은 전혀 놀라운 일이 아니다.

극적 전시의 대상으로 구경거리가 된 그들의 모습에서 동물에 대한 완전한 주변화marginalization**를 확인할 수 있다는 버거(Berger, 1980)의 주장을 입증하듯, 잡지 속에서 동물과 그들의 신체는 정성스레 트로피로 전시됨으로써 주변

---

* 트로피 사냥(trophy hunting)은 동물의 사체를 박제하여 장식하기 위해 오락으로 벌이는 야생동물 사냥을 뜻한다. — 옮긴이.
**권력을 갖지 못한 소수자 또는 하위집단을 중심에서 배제하고, 그들의 목소리를 무시하는 사회적 현상 — 옮긴이.

화되었다. 우리가 분석한 사냥잡지의 표지에는 지배적인 사냥 이데올로기에 부합하는, 즉 활기차고 아름다운, 살아 있는 동물이 숲을 가로질러 우아한 자태로 달리거나, 조심스럽게 주위를 살피며 들판에 서 있거나, 나무 위에 올라 껍질을 벗겨 먹거나, 산 정상에 올라 하울링을 하는 모습 등의 사진이 게재된다. 그러나 표지를 넘겨 안을 들여다보면 죽은 동물의 모습과 함께 앞의 이미지와는 상반된 (동물 신체를 주변화하고 그 신체 트로피를 위한 살해를 기념하는) 사냥담론이 펼쳐진다(Kalof and Fitzgerald, 2003, p. 121).

이후 피츠제럴드, 칼로프, 디츠(Fitzgerald, Kalof, and Dietz, 2009)는 사회적으로 용인되는 제도화된 동물학대와 인간 대상 범죄 사이의 링크를 탐구하는 획기적인 논문을 발표했다. '노동권법right to work law'을 도입한 주들에 속해 있는 581개 카운티의 데이터를 활용한 정교한 패널 분석을 통해, 연구자들은 도축장의 노동자 채용 정도가 지역범죄율에 미치는 영향을 다른 업계의 상황과 비교 검토했다. 다시 말해 '육가공업계meatpacking industry'에서 이루어지는 폭력적 노동과 범죄율 증가 사이에 어떤 연관성이 있는지에 대한 질문을 던진 것이다.

그 질문에 대한 답을 구하기 위해 연구자들은 도축업과 기타 산업(철강 단조, 화물 트레일러 제조, 자동차금속 스탬핑, 간판 제조,

공업용 세탁 등)의 상황을 비교했으며, 이 분석을 위해 함께 사용된 통제변수는 다음과 같다. 지역 내 15~34세의 남성 인구수, 인구밀도, 총 남성 인구수, 빈곤 인구수, 국제 이주 건수, 국내 이주 건수, 총 비非백인 인구, 실업률.

분석결과, 도축장의 노동자 채용이 지역범죄율 증가에 유의미한 연관성을 갖는 예측변수임이 드러났다. 기타 산업과 달리 도축장의 노동자 채용은 그 규모가 커질수록 폭력범죄, 강간 및 여타 성범죄로 인한 해당 지역의 검거율과 신고율을 함께 상승시켰다(예컨대 도축장 노동자의 수가 매우 많아져 총 7,500명에 달하게 된 카운티에서 상기 범죄로 인한 검거와 신고가 발생할 기댓값은 도축장 노동자가 전혀 없는 카운티에서의 기댓값보다 무려 두 배 이상 높았다). 다른 산업에서는 이러한 관계가 발견되지 않았으며, 일부 산업의 경우에는 노동자 채용이 늘어날수록 오히려 지역범죄율이 감소했다. 이 연구는 제도화된 동물학대와 범죄 증가 사이의 링크를 최초로 뒷받침한 작업으로, 앞으로 이와 유사한 관계를 탐구하는 후속 연구가 이루어질 것으로 기대한다.

토론하기

1. 이혼, 양육권, 가정폭력과 같은 문제와 관련하여, 법은 반려동물에 대해 어떤 시각을 가져야 할까?

2. 반려동물이 있는 피학대여성을 위해 쉼터는 어떤 서비스를

제공해야 할까?

3. 동물학대에 대하여 애그뉴가 내린 정의를 평가해 보자. 마음에 든다면, 또는 마음에 들지 않는다면 이유는 무엇인가?

7

동물학대의 사회학 :
사회학적 상상력의 확장

동물학대에 관한 연구가 그동안 인간중심적이고 종차별주의적
이었다고 인식하는 학자가 점점 늘어나고 있다. 그들에 따르면
'인간중심적' 연구는 초점을 인간에 맞추고 동물은 주변적 존재로
만 간주하는 것을 뜻한다. 그리고 '종차별주의적' 연구란 인간이
다른 동물보다 우월하다는 이데올로기에 기반하여 동물의 이해
interests보다 인간의 이해를 우선시하고 그 결과 동물착취로 귀결
되는 연구를 의미한다. 이러한 비판적 인식은 적어도 아래 세 가
지(상호 연관된, 의미심장한) 면에서 진실이라 할 수 있다.

첫째, 일반적으로 동물학대는 연구자들에 의해 정신병의 한 징
후로 개념화되어 왔다.

둘째, 다른 유형의 폭력과 달리 동물학대는 그 자체로 학술적

조사대상이 될 만한 가치를 인정받지 못하고 오직 인간에 대한 폭력과 연관된다는 점 때문에 연구되어 왔다(Cazaux, 1998; Solot, 1997). 결국 동물은 상호작용의 주체로 검토되지 않고, 동물에 대한 학대 자체는 탐구대상이 되지 못한 것이다. 동물학대는 단지 정신질환의 한 가지 증거로, 향후 인간에 대한 폭력의 예측변수 중 하나로, 아내학대나 아동학대의 한 형태로만 받아들여졌다. 그러나 번(Beirne, 1999, p. 140)이 말했듯이 "종국에는 동물학대가 인간학대와 유사하다는 점 때문이 아니라 그 자체로 동물에게 끔찍한 행동이기 때문에 사회는 그것을 비난하게 될 것이다."

셋째, 지금까지의 연구는 '개인이 저지르는, 사회적으로 용인되지 않는, 불필요한, 불법적 행위'로 정의되는 동물폭력에만 초점을 맞추어 왔다. 이런 식의 접근은 인간이 동물에게 입히는 피해의 절대량을 차지하는, 개인에 의한(예를 들어 사냥), 제도화된(예를 들어 공장식 축산과 동물실험) 합법적 폭력의 문제를 고려대상에서 제외한다(Agnew, 1998; Beirne, 1999, 2004). 동물학대에 대한 정의를 동물에 관한 (시간과 장소에 따라 사회적으로 구성되는) 지배적 신념과 결부시킨다는 것은 결국 "가장 큰 권력을 지닌 정치적·사회적 행위자 뜻대로 그것을 정의하는 것(Agnew, 1998, p. 180)"과 같다.

이미 일부 범죄학자들은 덜 인간중심적이고 덜 종차별주의적인 관점으로 동물학대 문제에 접근해 왔다(Agnew, 1998; Beirne, 1997, 1999, 2009; Cazaux, 1998, 1999). 5장에서 논의한 바 있는, 동물학대에 관한 애그뉴(Agnew, 1998)의 사회심리학 이론이 그 좋은 예이다. 또 번(Beirne, 1999)은 인간폭력과의 연관성 없이도 동물학대를 정당한 연구주제로 받아들이는 '비非종차별주의적 범죄학nonspeciesist criminology'을 설득력 있게 주장해 왔다. 이미 오래전에 번(Beirne, 1997)은 비종차별주의적 접근방식을 통해 수간獸姦 문제를 분석한 바 있다. 그는 인간과 동물 간의 성적 관계가 여성 및 아동에 대한 성적 폭력과 핵심적 특성을 [즉, 그 관계가 강압적이고, (때로는 죽을 만큼) 고통스러우며, 동물은 스스로 관계에 동의하거나 자신이 당한 학대를 신고하지 못한다는 점을] 공유하고 있기 때문에 이 관계 역시 불법화되어야 한다고 주장했다. 동물에 대한 성폭력과 여성 및 아동에 대한 성폭력이 갖는 이러한 유사점 때문에 번은 처음에는 '수간bestiality'이라는 인간중심적 용어를 '종간 성폭력 interspecies sexual assault'이라는 용어로 바꾸자고 제안했고, 이후에는 더 간단하고 분명한 '동물 성폭력animal sexual assault'이라는 용어를 채택했다(Beirne, 2009).

이러한 혁신적 접근방식들은 사회학의 더욱 포괄적인 길을 열어서 동물도 도덕적 고려대상으로 볼 수 있게 해 준다. 또한 여성, 소수 인종 및 민족집단, 빈곤층 등 사회적 약자 집단의 피해를 개인적/병리적인 것이 아닌 체계적/제도적인 것으로 볼 수 있게 해 준다. 사회학은 그동안 젠더, 인종, 계급, 나이, 성적 지향 등에 기반한 여러 억압과 불평등을 폭로하고 그것에 도전한 자랑스럽고 풍요로운 역사를 갖고 있다. 이제는 그 연구영역을 동물로 확장시켜, 다른 형태의 억압과 마찬가지로 종차별주의 역시 그에 걸맞은 자리를 찾아주어야 할 때이다.

글을 맺으며 :
더 안전하고 덜 폭력적인 세상을 위해

브라이언트(C. D. Bryant)는 동물 역시 사회학의 탐구영역 내에 포함되어야 한다는 도전적 주장을 이미 수십 년 전에 학계에 던진 바 있다. 특히 그는 본인이 '동물범죄zoological crime(동물과 연관된 범죄, 비행 및 일탈)'라고 명명한 분야에서 연구자들은 "가장 비옥한 현상학적 장phenomenological field과 조우할 수 있다"고 주장했다(Bryant, 1979, p. 412). 동물학대는 (그것이 가정 내 폭력의 지표든, 다른 범죄의 전조든, 무고한 비인간 희생자에 대한 폭력행동이든 간에) 사회학, 범죄학, 사회복지학 등 다양한 학문 분야에서 실증적 연구와 이론 개발, 그리고 연구결과의 현실적 적용을 통한 사회정책 개발이 이루어질 수 있도록 훌륭한 기회를 제공한다. 결과적으로 이 모든 학문적 성과는 세상이 더 안전하고 덜 폭력적인 곳이 될 수 있도록 기여할 것이다. 그곳의 거주자인 인간과 동물 모두에게 말이다.

토론하기

1. 과거의 동물학대 연구는 어떠한 점에서 인간중심적이고 종 차별주의적이었을까?

2. 인간중심적, 종차별주의적이지 않은 방식으로 인간의 동물 폭력 문제를 탐구해 보기 위한 연구안을 직접 만들어 보자.

3. 동물에 대한 착취는 인간 타자집단(여성, 소수 인종/민족, 빈 곤층 등)에 대한 착취와 어떤 면에서 유사하고 어떤 면에서 다를까?

| 참고문헌

Adams, Carol J.. 1994. Bringing Peace Home: A Feminist Philosophical Perspective on the Abuse of Women, Children, and Pet Animals." *Hypatia* 9:63-84.

_____. 1995. "Woman-battering and Harm to Animals." In *Animals and Women: Feminist Theoretical Explorations*, edited by Carol J. Adams and Josephine Donovan (pp. 55-84). Durham, N.C.: Duke University Press.

Agnew, Robert. 1998. "The Causes of Animal Abuse: A Social-Psychological Analysis." *Theoretical Criminology* 2:177-209.

Albert, Alexa and Kris Bulcroft. 1988. "Pets, Families, and the Life Course." *Journal of Marriage and the Family* 50:543-552.

Alger, Janet M. and Steven F. Alger. 1997. "Beyond Mead: Symbolic Interaction between Humans and Felines." *Society & Animals* 5:65-81.

_____. 1999. "Cat Culture, Human Culture: An Ethnographic Study of a Cat Shelter." *Society & Animals* 7:199-218.

Alys, Llian, J. Claire Wilson, John Clarke, and Peter Toman. 2009. "Developmental Animal Cruelty and Its Correlates in Sexual Homicide Offenders and Sex Offenders." In *The Link between Animal Abuse and Human Violence*, edited by Andrew Linzey (pp. 145-162). Eastbourne, East Sussex, U.K.: Sussex Academic Press.

American Pet Products Association. 2011. "2011-2012 APPA National Pet Owners Survey," retrieved at www.american-petproducts.org/press_industrytrends.asp.

Animal Legal Defense Fund. 2011. "U.S. Jurisdictions with and without Felony Animal Cruelty Provisions," retrieved at www.aldf.org/article.php?id=261.

Arkow, Phil. 1999. "The Evolution of Animal Welfare as a Human Welfare Concern." In *Child Abuse, Domestic Violence, and Animal Abuse: Linking the Circles of Compassion for Prevention and Intervention*, edited by Frank R. Ascione and Phil Arkow (pp. 19-37). West Lafayette, Ind.: Purdue University Press.

_____. 2011, July. "Connecticut Enacts Landmark Cross-Reporting Law." *The LINK-Letter*, National Link Coalition, retrieved at www.nationlinkcoalition.org.

Arluke, Arnold. 2002. "Animal Abuse as Dirty Play." *Symbolic Interaction* 2:405-430.

_____. 2004. *Brute Force: Animal Police and the Challenge of Cruelty*. West Lafayette, Ind.: Purdue University Press.

_____. 2006. *Just a Dog: Understanding Animal Cruelty and Ourselves*. Philadelphia: Temple University Press.

Arluke, Arnold and Carter Luke. 1997. "Physical Cruelty toward Animals in Massachusetts, 1975-1996." *Society & Animals* 5:195-204.

Arluke, Arnold and Clinton R. Sanders. 1996. *Regarding Animals*. Philadelphia: Temple University Press.

Arluke, Arnold, Jack Levin, Carter Luke, and Frank Ascione. 1999. "The Relationship of Animal Abuse to Violence and Other Forms of Antisocial Behavior." *Journal of Interpersonal Violence* 14:963-975.

Ascione, Frank R.. 1993. "Children Who Are Cruel to Animals: A Review of Research and Implications for Developmental Psychology." *Anthrozoös* 6:226-247.

_____. 1998. "Battered Women's Reports of Their Partners' and Their Children's Cruelty to Animals." *Journal of Emotional Abuse* 1:119-133.

_____. 1999. "The Abuse of Animals and Human Interpersonal Violence: Making the Connection." In *Child Abuse, Domestic Violence and Animal Abuse: Linking the Circles of Compassion for Prevention and Intervention*, edited by Frank R. Ascione and Phil Arkow (pp. 50-61). West Lafayette, Ind.: Purdue University Press.

_____. 2001. "Animal Abuse and Youth Violence." *Juvenile Justice Bulletin*. Washington, D.C.: Office of Juvenile Justice.

Ascione, Frank R. and Phil Arkow. 1999. *Child Abuse, Domestic Violence and Animal Abuse: Linking the Circles of Compassion for Prevention and Intervention*. West Lafayette, Ind.: Purdue University Press.

Ascione, Frank R. and Randall Lockwood. 2001. "Cruelty to Animals: Changing Psychological, Social, and Legislative Perspectives." In *State of the Animals 2000*, edited by Deborah J. Salem and Andrew N. Rowan (pp. 39-53). Washington, D.C.: Humane Society Press.

Ascione, Frank R. and Kenneth Shapiro. 2009. "People and Animals, Kindness and Cruelty: Research Directions and Policy Implications." *Journal of Social Issues* 65:569-587.

Ascione, Frank R., Claudia V. Weber, and David S. Wood. 1997. "The Abuse of Animals and Domestic Violence: A National Survey of Shelters for Women Who Are Battered." *Society & Animals* 5:205-218.

Ascione, Frank R., William N. Friedrich, John Heath, and Kentaro Hayashi. 2003. "Cruelty to Animals in Normative, Sexually Abused, and Outpatient Psychiatric Samples of 6- to 12-Year-Old Children: Relations to Maltreatment and Exposure to Domestic Violence." *Anthrozoös* 16:194-212.

Ascione, Frank R., Claudia V. Weber, Teresa M. Thompson, John Heath, Mike Maruyama, and Kentaro Hayashi. 2007. "Battered Pets and Domestic Violence: Animal Abuse Reported by Women Experiencing Intimate Violence and by Non-Abused Women." *Violence Against Women* 13:354-373.

Baldry, Anna C.. 2003. "Animal Abuse and Exposure to Interparental Violence in Italian Youth." *Journal of Interpersonal Violence* 18:258-281.

_____. 2004. "The Development of the P.E.T. Scale for the Measurement of Physical and Emotional Tormenting Against Animals in Adolescents." *Society & Animals* 12:1-17.

_____. 2005. "Animal Abuse among Preadolescents Directly and Indirectly

Victimized at School and at Home." *Criminal Behaviour & Mental Health* 15:97–110.

Baron, Larry and Murray A. Straus. 1988. "Cultural and Economic Sources of Homicide in the United States." *Sociological Quarterly* 29:371–390.

Beirne, Piers. 1997. "Rethinking Bestiality: Towards a Concept of Interspecies Sexual Assault." *Theoretical Criminology* 1:317–340.

_____. 1999. "For a Nonspeciesist Criminology: Animal Abuse as an Object of Study." *Criminology* 37:117–147.

_____. 2004. "From Animal Abuse to Interhuman Violence? A Critical Review of the Progression Thesis." *Society & Animals* 12:39–65.

_____. 2009. Confronting Animal Abuse: Law, *Criminology, and Human-Animal Relationships*. Lanham, Md.: Rowman & Littlefield.

Blumer, Herbert. 1969. *Symbolic Interactionism: Perspective and Method*. Englewood Cliffs, N.J.: Prentice-Hall.

Boat, Barbara W.. 1995. "The Relationship between Violence to Children and Violence to Animals: An Ignored Link?" *Journal of Interpersonal Violence* 10:229–235.

Bodsworth, Wendie and G. J. Coleman. 2001. "Child-Companion Animal Attachment in Single and Two-Parent Families." *Anthrozoös* 14:216–223.

Bogdon, Robert and Steven J. Taylor. 1989. "Relationships with Severely Disabled People: The Social Construction of Humanness." *Social Problems* 36:135–148.

Bowd, Alan D. and Anne C. Bowd. 1989. "Attitudes toward the Treatment of Animals: A Study of Christian Groups in Australia." *Anthrozoös* 3:20–24.

Brennan, Sharon. 2007. "Animals as Disregarded Pawns in Family Violence: Exclusionary Practices of Feminists Based Refuge Policies." *Electronic Journal of Sociology*, retrieved at www.sociology.org/content/2007/_brennan_pawns.pdf.

Browne, Angela. 1987. *When Battered Women Kill*. New York: Free Press.

Bryant, Clifton D.. 1979. "The Zoological Connection: Animal-Related Human Behavior." *Social Forces* 58:399-421.

Cain, Ann. 1983. "A Study of Pets in the Family System." In, edited by Aaron H. Katcher and Alan M. Beck (pp. 72-81). Philadelphia: University of Pennsylvania Press.

Carlisle-Frank, Pamela and Joshua M. Frank. 2006. "Owners, Guardians, and Owner-Guardians: Differing Relationship with Pets." *Anthrozoös* 19:225-242.

Cazaux, Geertrui. 1998. "Legitimating the Entry of 'The Animals Issue' Into (Critical) Criminology." *Humanity and Society* 22:365-385.

_____. 1999. "Beauty and the Beast: Animal Abuse from a Non-speciesist Criminological Perspective." *Law & Social Change* 31:105-126.

Cohen, Susan P.. 2002. "Can Pets Function as Family Members?" *Western Journal of Nursing Research* 24:621-638.

Coston, Charisse and Babette M. Protz. 1998. "Kill Your Dog, Beat Your Wife, Screw Your Neighbor's Kids, Rob a Bank? A Cursory Look at an Individual's Vat of Social Chaos Resulting from Deviance." 26:153-158.

Dadds, Mark R., Clare Whiting, Paul Bunin, Jennifer A. Fraser, Juliana H. Charlson, and Andrew Pirola-Merlo. 2004. "Measurement of Cruelty in Children: The Cruelty to Animals Inventory." *Journal of Abnormal Child Psychology* 32:321-334.

Darden, Donna K. and Steven K. Worden. 1996. "Marketing Deviance: The Selling of Cockfighting." *Society & Animals* 4:211-231.

DeGue, Sarah and David DeLillo. 2009. "Is Animal Cruelty a 'Red Flag' for Family Violence? Investigating Co-occurring Violence toward Children, Partners, and Pets." *Journal of Interpersonal Violence* 24:1036-1056.

DeViney, Elizabeth, Jeffery Dickert, and Randall Lockwood. 1983. "The Care of Pets within Child Abusing Families." *International Journal for the Study of Animal Problems* 4:321-329.

Dutton, Mary A.. 1992. *Empowering and Healing the Battered Woman*. New York: Springer.

Faller, Kathleen C.. 1990. *Understanding Child Sexual Maltreatment*. Newbury Park, Calif.: Sage.

Faver, Catherine A. and A. M. Cavazos, Jr. 2007. "Animal Abuse and Domestic Violence: A View from the Border." *Journal of Emotional Abuse* 7:59-81.

Faver, Catherine A. and Elizabeth B. Strand. 2003. "To Leave or to Stay? Battered Women's Concern for Vulnerable Pets." *Journal of Interpersonal Violence* 18:1367-1377.

_____. 2007. "Fear, Guilt, and Grief: Harm to Pets and the Emotional Abuse of Women." *Journal of Emotional Abuse* 7:51-70.

_____. 2008. "Unleashing Compassion: Social Work and Animal Abuse." In *International Handbook of Animal Abuse and Cruelty: Theory, Research, and Application*, edited by Frank R. Ascione (pp. 175-199). West Lafayette, Ind.: Purdue University Press.

Felthous, Alan R. and Stephen R. Kellert. 1986. "Violence against Animals and People: Is Aggression against Living Creatures Generalized?" *Bulletin of the American Academy of Psychiatry Law* 14:55-69.

_____. 1987. "Psychosocial Aspects of Selecting Animal Species for Physical Abuse." *Journal of Forensic Sciences* 32:1713-1723.

Fine, Gary A.. 1986. "The Dirty Play of Little Boys." *Society* 24:63-67.

Finkelhor, David, Linda M. Williams, and Nanci Burns. 1988. *Nursery Crimes: Sexual Abuse in Day Care*. Newbury Park, Calif.: Sage.

Fitzgerald, Amy J.. 2005. *Animal Abuse and Family Violence: Researching the Interrelationships of Abusive Power*. Edwin Mellen Press, Mellen Studies in Sociology.

_____. 2007. "'They Gave Me a Reason to Live': The Protective Effects of Companion Animals on the Suicidality of Abused Women." *Humanity and Society* 31:355-378.

Fitzgerald, Amy, Linda Kalof, and Thomas Dietz. 2009. "Slaughterhouses and Increased Crime Rates: An Empirical Analysis of the Spillover from 'The Jungle' into the Surrounding Community." *Organization & Environment* 22:158-184.

Flynn, Clifton P.. 1999a. "Animal Abuse in Childhood and Later Support for Interpersonal Violence in Families." *Society & Animals* 7:161-172.

_____. 1999b. "Exploring the Link between Corporal Punishment and Children's Cruelty to Animals." *Journal of Marriage and the Family* 61:971-981.

_____. 2000a. "Battered Women and Their Animal Companions: Symbolic Interaction between Human and Nonhuman Animals." *Society & Animals* 8:99-127.

_____. 2000b. "Why Family Professionals Can No Longer Ignore Violence toward Animals." *Family Relations* 49:87-95.

_____. 2000c. "Woman's Best Friend: Pet Abuse and the Role of Companion Animals in the Lives of Battered Women." *Violence Against Women* 6:162-177.

_____. 2001. "Acknowledging the 'Zoological Connection': A Sociological Analysis of Animal Cruelty." *Society & Animals* 9:71-87.

_____. 2008. "A Sociological Analysis of Animal Abuse." In *International Handbook of Animal Abuse and Cruelty: Theory, Research, and Application*, edited by Frank R. Ascione (pp. 155-174). West Lafayette, Ind.: Purdue University Press.

_____. 2009. "Women-battering, Pet Abuse, and Human-Animal Relationships." In *The Link between Animal Abuse and Human Violence*, edited by Andrew Linzey (pp. 116-125). Eastbourne, East Sussex, U.K.: Sussex Academic Press.

_____. 2011. "Examining the Links between Animal Abuse and Human Violence." *Crime, Law and Social Change* 55:453-468.

Forsythe, Craig J. and Rhonda D. Evans. 1998. "Dogmen: The Rationalization of Deviance." *Society & Animals* 6:203-218.

Francione, Gary L.. 1996. *Rain without Thunder: The Ideology of the Ani-*

mal Rights Movement. Philadelphia: Temple University Press.

Gelles, Richard J.. 1993. "Through a Sociological Lens: Social Structure and Family Violence." In *Current Controversies on Family Violence*, edited by Richard Gelles and Donileen Loseke (pp. 31-46). Newbury Park, Calif.: Sage.

_____. 1997. *Intimate Violence in Families, 3rd. edition*. Thousand Oaks, Calif.: Sage.

Gelles, Richard J. and Murray A. Straus. 1979. "Determinants of Violence in the Family: Toward a Theoretical Integration." In *Contemporary Theories about the Family, vol.1*, edited by R. Burr, R. Hill, F. I. Nye, and I. L. Reiss (pp. 549-581). New York: Free Press.

_____. 1988. *Intimate Violence*. New York: Simon and Schuster.

Gleyzer, Roman, Alan R. Felthous, and Charles E. Holzer. 2002. "Animal Cruelty and Psychiatric Disorders." *Journal of the American Academy of Psychiatry and the Law* 30:257-265.

Gullone, Eleanora and Nerida Robertson. 2008. "The Relationship between Bullying and Animal Abuse Behaviors in Adolescents: The Importance of Witnessing Animal Abuse." *Journal of Applied Developmental Psychology* 29:371-379.

Guymer, Elise C., David Mellor, Ernest S. L. Luk, and Vicky Pearse. 2001. "The Development of a Screening Questionnaire for Childhood Cruelty to Animals." *Journal of Child Psychology and Psychiatry* 42:1057-1063.

Hawley, Fred. 1993. "The Moral and Conceptual Universe of Cockfighters: Symbolism and Rationalization." *Society & Animals* 1:159-168.

Henry, Bill C.. 2004a. "Exposure to Animal Abuse and Group Context: Two Factors Affecting Participation in Animal Abuse." *Anthrozoös* 17:290-305.

_____. 2004b. "The Relationship between Animal Cruelty, Delinquency, and Attitudes toward the Treatment of Nonhuman Animals." *Society & Animals* 12:185-207.

Henry, Bill C. and Cheryl E. Sanders. 2007. "Bullying and Animal Abuse: Is

There a Connection?" *Society & Animals* 15:107-126.

Hensley, Christopher and Suzanne E. Tallichet. 2009. "Childhood and Adolescent Animal Cruelty Methods and Their Possible Link to Adult Violent Crimes." *Journal of Interpersonal Violence* 24:147-158.

Hensley, Christopher, Suzanne E. Tallichet, and Erik L. Dutkiewicz. 2009. "Recurrent Childhood Animal Cruelty: Is There a Relationship to Adult Recurrent Interpersonal Violence?" *Criminal Justice Review* 34:248-257.

Herzog, Harold A., Nancy S. Betchart, and Robert B. Pittman. 1991. "Gender, Sex Role Orientation, and Attitudes toward Animals." *Anthrozoös* 4:184-191.

Humane Society of the United States. 2011. "State Animal Cruelty Chart, April. 2011." Retrieved at www.humanesociety.org/assets/pdfs/abuse/state_animal_cruelty_laws_11.pdf.

Irvine, Leslie. 2004. *If You Tame Me: Understanding Our Connection with Animals*. Philadelphia: Temple University Press.

Jory, Brian and Mary Lou Randour. 1999. *The AniCare Model of Treatment for Animal Abuse*. Washington Grove, Md.: Psychologists for the Ethical Treatment of Animals.

Kalof, Linda and Amy Fitzgerald. 2003. "Reading the Trophy: Exploring the Display of Dead Animals in Hunting Magazines." *Visual Studies* 18:112-122.

Kellert, Stephen R. and Alan R. Felthous. 1985. "Childhood Cruelty toward Animals among Criminals and Non-criminals." *Human Relations* 38:1113-1129.

Kelley, Harold, Ellen Berscheid, Andrew Christensen, John Harvey, Ted Huston, George Levinger, Evie McClinton, Letitia A. Peplau, and Donald Peterson. 1983. *Close Relationships*. New York: W. H. Freeman.

Kogan, Lori R., Sherry McConnell, Regina Schoenfeld-Tacher, and Pia Jansen-Lock. 2004. "Crosstrails: A Unique Foster Program to Provide Safety for Pets of Women in Safehouses." *Violence Against Women*

10:418-434.

Kruse, Corwin R.. 2002. "Baby Steps: Minnesota Raises Certain Forms of Animal Cruelty to Felony Status." *William Mitchell Law Review* 28:1649-1680.

Lacroix, Charlotte A.. 1999. "Another Weapon for Combating Family Violence: Prevention of Animal Abuse." In *Child Abuse, Domestic Violence, and Animal Abuse: Linking the Circles of Compassion for Prevention and Intervention*, edited by Frank R. Ascione and Phil Arkow (pp. 62-80). West Lafayette, Ind.: Purdue University Press.

Levin, Jack and Arnold Arluke. 2009. "Reducing the Link's False Positive Problem." In *The Link between Animal Abuse and Human Violence*, edited by Andrew Linzey (pp. 163-171). Eastbourne, East Sussex, U.K.: Sussex Academic Press.

Lockwood, Randall and Frank R. Ascione. 1998. *Cruelty to Animals and Interpersonal Violence: Readings in Research and Application*. West Lafayette, Ind.: Purdue University Press.

Loring, Marti T. and Tamara A. Bolden-Hines. 2004. "Pet Abuse by Batterers as a Means of Coercing Battered Women into Committing Illegal Behavior." *Journal of Emotional Abuse* 4:27-37.

Luk, Ernset S. L., Petra K. Staiger, Lisa Wong, and John Mathai. 1999." Children Who Are Cruel to Animals: A Revisit." *Australian and New Zealand Journal of Psychiatry* 33:29-36.

Mead, George H.. 1934. *Mind, Self, and Society*. Chicago: University of Chicago Press.

Merz-Perez, Linda and Kathleen M. Heide. 2004. *Animal Cruelty: Pathway to Violence against People*. Walnut Creek, Calif.: AltaMira Press.

Merz-Perez, Linda, Kathleen M. Heide, and Ira J. Silverman. 2001. "Childhood Cruelty to Animals and Subsequent Violence against Humans." *International Journal of Offender Therapy and Comparative Criminology* 25:556-573.

Miller, Karla S. and John F. Knutson. 1997. "Reports of Severe Physical

Punishment and Exposure to Animal Cruelty by Inmates Convicted of Felonies and by University Students." *Child Abuse and Neglect* 21:59-82.

Munro, Helen M. C.. 1999. "The Battered Pet: Signs and Symptoms." In *Child Abuse, Domestic Violence, and Animal Abuse: Linking the Circles of Compassion for Prevention and Intervention*, edited by Frank R. Ascione and Phil Arkow (pp. 199-208). West Lafayette, Ind.: Purdue University Press.

Owens, David J. and Murray A. Straus. 1975. "The Social Structure of Violence in Childhood and Approval of Violence as an Adult." *Aggressive Behavior* 1:193-211.

Pagani, Camilla, Francesco Robustelli, and Frank R. Ascione. 2010. "Investigating Animal Abuse: Some Theoretical and Methodological Issues." *Anthrozoös* 23:259-276.

Patronek, Gary. 1996. "Hoarding of Animals: An Underrecognized Public Health Problem in a Difficult to Study Population." *Public Health Reports* 114:82-87.

_____. 2008. "Animal Hoarding: A Third Dimension of Animal Abuse." In *International Handbook of Animal Abuse and Cruelty: Theory, Research, and Application*, edited by Frank R. Acsione (pp. 221-240). West Lafayette, Ind.: Purdue University Press.

Patterson-Kane, Emily G. and Heather Piper. 2009. "Animal Abuse as a Sentinel for Human Violence: A Critique." *Journal of Social Issues* 65:589-614.

Peek, Charles W., Nancy J. Bell, and Charlotte C. Dunham. 1996. "Gender, Gender Ideology, and Animal Rights Advocacy." *Gender & Society* 10:464-478.

Pifer, Linda K.. 1996. "Exploring the Gender Gap in Young Adults' Attitudes about Animal Research." *Society and Animals* 4:37-52.

Piper, Heather. 2003. "The Linkage of Animal Abuse with Interpersonal Violence: A Sheep in Wolf's Clothing?" *Journal of Social Work* 3:161-177.

Randour, Mary Lou and Tio Hardiman. 2007. "Creating Synergy: Taking a Look at Animal Fighting and Gangs." *Proceedings of The Hamilton Fish Institute*, sponsored by the Office of Juvenile Justice and Delinquency Prevention, U. S. Department of Justice, Washington, D.C.

Randour, Mary Lou, Susan Krinsk, and Joanne Wolf. 2002. *AniCare Child: An Assessment and Treatment Approach for Childhood Animal Abuse.* Washington Grove, Md.: Psychologists for the Ethical Treatment of Animals.

Renzetti, Claire M.. 1992. *Violent Betrayal: Partner Abuse in Lesbian Relationships.* Newbury Park, Calif.: Sage Publications.

Ressler, Robert K., Ann W. Burgess, Carol R. Hartman, John E. Douglas, and Arlene McCormack. 1986. "Murderers Who Rape and Mutilate." *Journal of Interpersonal Violence* 1:273-287.

Rigdon, John D. and Tapia, Fernando. 1977. "Children Who Are Cruel to Animals—A Follow-up Study." *Journal of Operational Psychiatry* 8:27-36.

Rowan, Andrew. 1992. "The Dark Side of the 'Force.'" *Anthrozoös* 5:4-5.

Sanders, Clinton R.. 1993. "Understanding Dogs: Caretakers' Attributions of Mindedness in Canine-Human Relationships." *Journal of Contemporary Ethnography* 22:205-226.

_____. 1999. *Understanding Dogs: Living and Working with Canine Companions.* Philadelphia: Temple University Press.

Siegel, Judith M.. 1993. "Companion Animals: In Sickness and in Health." *Journal of Social Issues* 49:157-167.

Simmons, Catherine A. and Peter Lehmann. 2007. "Exploring the Link between Pet Abuse and Controlling Behaviors in Violent Relationships." *Journal of Interpersonal Violence* 22:1211-1222.

Singer, Peter. 1990. *Animal Liberation.* New York: Avon Books.

Solot, Dorian. 1997. "Untangling the Animal Abuse Web." *Society and Animals* 5:257-265.

Spelman, E. V.. 1982. "Woman as Body: Ancient and Contemporary Views."

Feminist Studies 8:109-131.

Strand, Elizabeth B. and Catherine A. Faver. 2005. "Battered Women's Concern for their Pets: A Closer Look." *Journal of Family Social Work* 9:39-58.

Straus, Murray A.. 1980. "A Sociological Perspective on the Causes of Family Violence." In *Violence and the Family*, edited by M. R. Green (pp. 7-31). Boulder, Colo.: Westview.

_____. 1991. "Discipline and Deviance: Physical Punishment of Children and Violence and Other Crime in Adulthood." *Social Problems* 38:133-154.

_____. 1994. *Beating the Devil Out of Them: Corporal Punishment in American Families*. New York: Lexington Books.

Straus, Murray A., Richard J. Gelles, and Suzanne K. Steinmetz. 1980. *Behind Closed Doors*. New York: Doubleday/ Anchor.

Sykes, Gresham M. and David Matza. 1957. "Techniques of Neutralization: A Theory of Delinquency." *American Sociological Review* 22:664-670.

Tallichet, Suzanne E. and Christopher Hensley. 2004. "Exploring the Link between Recurrent Acts of Childhood and Adolescent Animal Cruelty and Subsequent Violent Crime." *Criminal Justice Review* 29:304-316.

Tallichet, Suzanne E., Christopher Hensley, and Stephen D. Singer. 2005. "Unraveling the Methods of Childhood and Adolescent Cruelty to Non-human Animals." *Society & Animals* 13:91-108.

Tapia, Fernando. 1971. "Children Who Are Cruel to Animals." *Child Psychiatry and Human Development* 2:70-77.

Thompson, Kelly L. and Eleanora Gullone. 2006. "An Investigation into the Association between the Witnessing of Animal Abuse and Adolescents' Behavior toward Animals." *Society & Animals* 14:221-243.

Tingle, David, George W. Barnard, Lynn Robbins, Gustave Newman, and David Hutchinson. 1986. "Childhood and Adolescent Characteristics of Pedophiles and Rapists." *International Journal of Law and Psychiatry* 9:103-116.

U.S. Census Bureau. 2006. "Table 1: Resident Population by Age and Sex:

1980-2004." Statistical abstract of the United States, retrieved at www.census.gov/prod/2005pubs/06statab/pop.pdf.

Vaughn, Michael G., Qiang Fu, Matt DeLisi, Kevin M. Beaver, Brian E. Perron, Katie Terrell, and Matthew O. Howard. 2009. "Correlates of Cruelty to Animals in the United States: Results from the National Epidemiologic Survey on Alcohol and Related Conditions." *Journal of Psychiatric Research* 43:1213-1218.

Veevers, Jean E.. 1985. "The Social Meanings of Pets: Alternative Roles for Companion Animals." *Marriage and Family Review* 8:11-30.

Verlinden, Stephanie, Michel Hersen, and Jay Thomas. 2001. "Risk Factors in School Shootings." *Clinical Psychology Review* 20:3-56.

Vermeulen, Hannelie and Johannes S. J. Odendaal. 1993. "Proposed Typology of Companion Animal Abuse." *Anthrozoös* 6:248-257.

Volant, Anne M., Judy A. Johnson, Eleanora Gullone, and Grahame J. Coleman. 2008. "The Relationship between Domestic Violence and Animal Abuse." *Journal of Interpersonal Violence* 23:1277-1295.

Walker, Lenore E.. 1979. The Battered Woman. New York: Harper and Row.

Walsh, Froma. 2009. "Human-Animal Bonds II: The Role of Pets in Family Systems and Family Therapy." *Family Process* 48:481-499.

Walton-Moss, Benita J., Jennifer Manganello, Victoria Frye, and Jacquelyn C. Campbell. 2005. "Risk Factors for Intimate Partner Violence and Associated Injury among Urban Women." *Journal of Community Health* 30:377-389.

Wiehe, Vernon R.. 1990. *Sibling Abuse*. New York: Lexington Books.

Wisch, Rebecca F.. 2011. "Domestic Violence and Pets: List of States that Include Pets in Protection Orders." Animal Legal and Historical Center, Michigan State University College of Law. Retrieved at www.animallaw.info/articles/ovusdomesticviolencelaws.htm.

Wright, Jeremy and Christopher Hensley. 2003. "From Animal Cruelty to Serial Murder: Applying the Graduation Hypothesis." *International Journal of Offender Therapy and Comparative Criminology* 47:71-88.

Yllo, Kersti. 1993. "Through a Feminist Lens: Gender, Power, and Violence."
    In *Current Controversies on Family Violence*, edited by Richard Gelles
    and Donileen Loseke (pp. 47–62). Newbury Park, Calif.: Sage.
Zilney, Lisa A. and Zilney, Mary. 2005. "Reunification of Child and Animal
    Welfare Agencies: Crossreporting of Abuse in Wellington County, On-
    tario." *Child Welfare* 84:47–66.

사회적 구성물로서의 동물학대

점점 더 많은 이들이 매일 인터넷을 통해 잔혹한 동물학대 소식을 접하고 분노하고 설왕설래하는 요즘이다. 과거에 비해 동물에 대한 폭력이 더 늘어났기 때문이라고 섣불리 말할 수는 없겠고, 최근 들어 이 이슈에 대한 사람들의 관심이 커진 만큼 우리 시야에 더 많은 모습이 들어오게 된 것 아닐까 싶다. 부인할 수 없이, 오늘날 동물학대는 인간동물과 비인간동물 사이의 문제점을 가장 극적으로 드러내 주는 영역이 되어 버렸다.

동물학대를 둘러싼 우리 사회의 논의는 주로 법과 제도의 실질적 개선방안에 초점이 맞추어져 있다. 동물들의 현실을 생각한다면 이보다 중요한 일이 없을 것이고 또 그러한 논의조차 아직 턱없이 부족한 상황이긴 하지만, 동물의 복지와 권리에 대한 고민이 점차 무르익어 가는 이때 그들과의 관계를 보다 폭넓은 관점에서 깊이 사고하고자 하는 사회적 욕구가 커지고 있음을 감지하게 된다.

서구 사회에서는 특히 1990년대 이후 다양한 학문 분야에서 동물학대 연구가 활발히 이루어지며 주목할 만한 책들이 다수 출간되어 왔는데, 인간-동물 관계에 관심 있는 독자들에게 그중 한 권을 소개할 수 있게 되어 매우 기쁘게 생각한다. 제목을 통해 알 수 있듯 이 책은 동물학대에 대한 사회학 지식을 담아낸 학술서적이다. 전반적으로 저자는 다양한 경험연구 결과를 섬세하게 펼쳐내는 데 집중하면서 주요 이론의 소개 및 정책 제안 등을 통하여 독자들이 이 얇은 책 한 권만으로 동물학대에 관한 사회학 논의의 대략적 지형을 그려낼 수 있게끔 성실한 안내자의 역할을 수행하고 있다. 물론 학술서의 특성상 평소 사회학과 친숙하지 않은 독자들이 소외감(?)을 느낄 만한 부분도 있지만, 그렇다고 굳이 이 책을 특정 학문 분야의 일부 독자만을 위한 서적으로 한정짓고 싶지는 않다. 저자가 시종일관 주목하고 분석하고 있는 대상은 다름 아닌 '우리 모두'가 속해 있는 세상이기 때문이다.

사실 누가 봐도 비난받을 만한 폭력이 발생했을 때 사람들은 그것을 '우리'와 상관없는 문제로 인식하려는 경향이 있다. 가장 대표적인 예로 2016년 5월 강남역 10번 출구 앞 화장실에서 한 남성이 여성을 살해했던 사건을 떠올려 보자. 경찰·언론·네티즌들의 모습을 통해, 우리는 그 살인사건을 여성혐오misogyny에 근거한 사회적 범죄가 아닌 '문제 있는 개인'의 우발적 사건으로 받아들이고자 하는 이 사회의 욕구를 확인할 수 있었다. 이후 정신질환자들에 대한 편견을 강화하며 그들에 대한 사회적 통제를 강화함으로써 여성들이 일상에서 느끼는 위협감을 누그러뜨리려는 시도가 이어졌는데, 이것은 정신질환이란 것을 '우리와 다른 사람'이 갖는 특성으로 보는 일반적 인식에 기반한 것이다.

저자의 지적에 따르면 동물학대에 대한 기존의 접근방식 역시 이러한 모습과 크게 다르지 않았다. (동물학대 사건에 자연스럽게 따르는 '악마'나 '괴물' 같은 표현을 통해서도 알 수 있듯) 그동안 우리는 정신적으로 문제가 있어 보이는 가해자 특정 개인에게만 지나치게 초점을 맞추어 왔다. 그러나 저자는 사회적 지위와 사회화 과정, 권력관계와 불평등, 사회제도, 문화적 태도와 규범 등의 사회적 요인을 고려함으로써 (그리고 극단적이지 않은, 보다 일반적 형태의 폭력에도 관심을 기울임으로써) 동물학대의 자리를 악마나 괴물이 사는 저 밖이 아닌 우리의 영역 안에 위치시킨다.

동물학대에 관하여 이 책이 무엇보다 관심을 기울이는 주제는 그것이 가정폭력, 또래 괴롭힘, 청소년비행, 각종 성인범죄 등 사람들 간에 벌어지는 다양한 유형의 폭력들과 맺는 연관성인데, 이러한 접근방식은 동물에 대한 폭력이 우리가 타인과 맺는 관계와 필연적으로 연관되어 있다는 인식에 기반한 것이다. (특히 저자는 가정폭력 이슈에 오랜 시간 관심을 가져온 학자답게 남성 파트너와의 친밀한 관계 속에서 여성과 아이들, 반려동물이 마주하게 되는 현실을 날카롭게 분석한다. 젠더에 근거한 폭력에 관심 있는 독자라면 이 책을 통해 분명 많은 시사점을 얻을 수 있을 것이라고 확신한다.) 저자는 인간 및 동물을 향한 폭력이 발생하는 과정에서 젠더/권력/통제의 역할을 시종일관 강조한다. 이에 대한 통찰을 통해 우리는 단순한 수치 비교를 넘어 가해자와 피해자 사이에 만들어지는 관계의 역학을 좀 더 심도 깊게 이해할 수 있을 것이다.

본문의 3장이 동물학대와 인간에 대한 폭력이 '함께' 발생하는 상황에 관한 내용이라면, 4장에서는 "(주로 어린 시절에) 동물학대로부터 시작되는 사람들의 폭력은 이후 인간을 향한 더 큰 폭력으로 진행된다"는 링크 가설에 대한 검토가 이루어진다. 저자는 연구자의 입장에서, 이에 대한 '학문적' 접근만큼은 엄격하게 이루어져야 한다는 깐깐한 태도를 견지한다. 두 가지 폭력 사이에 놓여 있을 다양한 관계와 경로를 섬세하고 분명하게 입증하기 위해서는 연구자들의 더 많은 (특히 방법론적) 노력이 필요함을 지적하고 있는 것이다. 하지만 이는 '동물학대가 인간에 대한 폭력으로 이동하는 과정 속에서 어떤 뚜렷한 단계나 예측변수가 될 수 있는가'의 문제, 즉 폭력들 간의 시간적 순서와 인과관계를 학문적으로 검정하는 이른바 전문적 논의이다. 사실 저자가 무엇보다 강조하는 바는, 계속해서 수많은 연구결과가 (심지어 링크 관련 가설에 비판적인 연구들조차) 동물폭력과 인간폭력 사이에 다양하고 밀접한 상관관계가 존재함을 드러내고 있다는 점이다. 이 두 가지 폭력은 서로 간에 위험요인, 지표 또는 전조가 될 수 있으며

이 점만으로도 현재로서는 인간에 대한 폭력만 중시하고 있는 각종 정책과 제도가 동물학대에 주목해야 할 충분한 이유가 된다.

누군가가 이 책에 담긴 내용들을 딱 한 줄로 표현해 보라고 한다면 아마도 난 '동물학대는 사회적 구성물이다'라는 문장으로 정리를 할 것 같다. 동물학대는 최근 들어 많은 이들이 빈번하게 사용하고 있는 용어이지만 그 속에 담기는 개념은 사회적 관계의 맥락 속에서 계속 변해 갈 수밖에 없다. 서구사회에서 (우리나라의 상황도 별다른 것 같지는 않다) 그것은 대체로 특정 개인이나 소집단이 의도적으로 저지르는 불필요하고 사회적으로 용인되지 않는 행위를 지칭해 왔지만, 이 또한 인간의 이해관계가 반영된 '하나의' 규정방식일 뿐이다. 저자는 우리가 공장식 축산이나 동물실험처럼 현실적으로 동물에게 가장 많은 해를 가하고 있는 행위들까지 동물학대의 개념으로 다룰 수 있기 위해서는 예컨대 로버트 애그뉴의 제안("동물의 고통 또는 죽음에 기여하거나 동물의 복지를 위협하는 일체의 행위")과 같은, 보다 넓고 포괄적인 의미의 정의를 채택할 필요가 있음을 지적한다. 이미 우리 사회구조의 일부가 되어 있는 제도화된 폭력 또는 특정 배경 속에서 문화적으로 용인되는 폭력 등 말하자면 우리의 '입맛에 맞는' 폭력들은 지금껏 동물학대의 범주에 포함되지 않아 왔으며 물론 이러한 사회적 정의의 기준은 세상에서 가장 큰 권력을 지닌 존재인 인간들의 통념이다.

저자도 슬쩍 언급하고 있듯, 행위의 의도성이나 불가피성이나 사회적 용인 유무 같은 동물학대의 인간중심적 요소들만 신경 쓰고 정작 '동물 당사자들이 입는 피해'에 대한 고려는 뒤로 미루는 현실에 관하여 우리는 심각하게 고민해 볼 필요가 있다. 이미 18세기 철학자인 제레미 벤담과 장 자크 루소, 현대 동물윤리학의 대표적 학자인 피터 싱어 등이 비인간동물의 이해interests 또는 권리의 고려에 있어 가장 중요한 토대가 되는 것으로 그들의 지각력sentience을 들어왔으며, 그중 도덕적으로 가장 큰 무게감을 갖는 것은 '고통을 느낄 수 있는 능력'이다. 인간만이 지성, 감정, 언어, 문화, 자아, 지각력을 가진 존재가 아니라는 사실은 이제 동물행동 연구결과를 굳이 언급하지 않더라도 부인할 수 없는 상식이 되었지만(혹은 그렇게 되어 가고 있지만), 동물이 폭력을 통해 지각하는 고통 즉 그들의 피해가 갖는 사회적 '중요성'에 대해서는 앞으로도 길고 긴 논쟁의 길이 펼쳐져 있다.

저자의 설명에 따르면, 동물학대에 관한 초기 연구의 유일한 동기는 그것이 인간에 대한 폭력과 연관된다는 점뿐이었다. 오늘날 우리나라에서도, 동물학대에 대한 사회의 문제의식이 너무 낮아 그것에 대한 경각심을 일으키려는 차원에서 동물폭력과 인간폭력의 연관성이 이야기되는 경우가 많다. 그런데 여기서 한 가지 잊지 말아야 할 것은, 동물학대는 인간폭력과의 연관성과 상관없이 그 자체만으로도 관심 가져 마땅한 문제라는 점이다. 지금껏 동물에 대한 폭력은 우리가 그들과의 관계에서 누리고 있는 지배적 지위와 권력 때문에 '해도 괜찮은 것'으로 용인되어 왔고

'진정한' 사회문제로 인정받지도 못해 왔다. 그러나 유사 이래 인간 집단 내에서 끝없이 이루어져 온 타자화 정치와 그에 기반한 지배/폭력의 관계가 옳지 못한 것이라면, 비인간동물로 대상만 바꾼다고 해서 그 관계를 정당화해 주는 (원래부터 존재하지 않았던) 근거가 찾아지는 건 아닐 것이다. 인간동물과 비인간동물, 그리고 수많은 '우리'와 '그들' 사이에 맺어지는 권력관계의 본질을 찾고 그것에 저항하는 긴 여정에 이 책이 도움이 되기를 바란다.

책공장더불어의 책

동물주의 선언
(환경부 선정 우수환경도서)
현재 가장 영향력 있는 정치철학자가 쓴
인간과 동물이 공존하는 사회로 가기 위한
철학적·실천적 지침서.

물범 사냥
(노르웨이국제문학협회 번역 지원 선정)
북극해에서의 물범 사냥이라는 배경을 통
해 동물학대와 물범사냥, 여성문제와 가부
장제 사회에서의 권력 관계에 대해 다룬
노르웨이 소설.

인간과 동물, 유대와 배신의 탄생
(환경부 선정 우수환경도서, 환경정의 선정 올해의 환
경책)
미국 최대의 동물보호단체 휴메인소사이
어티 대표가 쓴 21세기 동물해방의 새로운
지침서. 농장동물, 산업화된 반려동물 산
업, 실험동물, 야생동물 복원에 대한 허위
등 현대의 모든 동물학대에 대해 다루고
있다.

동물들의 인간 심판
(대한출판문화협회 올해의 청소년 교양도서, 세종도서
교양 부문, 환경정의 청소년 환경책, 아침독서 청소년 추
천도서, 학교도서관저널 추천도서)
동물을 학대하고, 학살하는 범죄를 저지른
인간이 동물 법정에 선다. 고양이, 돼지, 소
등은 인간의 범죄를 증언하고 개는 인간을
변호한다. 이 기묘한 재판의 결과는?

실험 쥐 구름과 별
동물실험 후 안락사 직전의 실험 쥐 20마
리가 구조되었다. 일반인에게 입양된 후
평범하고 행복한 시간을 보낸 그들의 삶을
기록했다.

인간과 개, 고양이의 관계심리학
함께 살면 개, 고양이와 반려인은 닮을까?
동물학대는 인간학대로 이어질까? 248가
지 심리실험을 통해 알아보는 인간과 동물
이 서로에게 미치는 영향에 관한 심리 해
설서.

사향고양이의 눈물을 마시다
(한국출판문화산업진흥원 우수출판콘텐츠 제작지원 선
정, 환경부 선정 우수환경도서, 학교도서관저널 추천도
서, 국립중앙도서관 사서가 추천하는 휴가철에 읽기좋은
책, 환경정의 올해의 환경책)
내가 마신 커피 때문에 인도네시아 사향고
양이가 고통받는다고? 내 선택이 세계 동물
에게 미치는 영향, 동물을 죽이는 것이 아니
라 살리는 선택에 대해 알아본다.

순종 개, 품종 고양이가 좋아요?
사람들은 예쁘고 귀여운 외모의 품종 개,
고양이를 좋아하지만 많은 품종 동물이 질
병에 시달리다가 일찍 죽는다. 동물복지
수의사가 반려동물과 함께 건강하게 사는
법을 알려준다.

동물에 대한 예의가 필요해
일러스트레이터인 저자가 지금 동물들이
어떤 고통을 받고 있는지, 우리는 그들과
어떤 관계를 맺어야 하는지 그림을 통해
이야기한다. 냅킨에 쓱쓱 그린 그림을 통
해 동물들의 목소리를 들을 수 있다.

전쟁의 또 다른 비극, 개 고양이 대량 안락사
1939년, 전쟁 중인 영국에서 40만 마리의
개와 고양이가 대량 안락사 됐다. 정부도
동물단체도 반대했는데 보호자에 의해 벌
어진 자발적인 비극. 전쟁 시 반려동물은
인간에게 무엇일까?

동물은 전쟁에 어떻게 사용되나?
전쟁은 인간만의 고통일까? 자살폭탄 테
러범이 된 개 등 고대부터 현대 최첨단 무
기까지, 우리가 몰랐던 동물 착취의 역사.

고통 받은 동물들의 평생 안식처 동물보호구역
(환경정의 올해의 어린이 환경책, 한국어린이교육문화
연구원 으뜸책)
고통받다가 구조되었지만 오갈 데 없었던
야생동물의 평생 보금자리. 저자와 함께
전 세계 동물보호구역을 다니면서 행복하
게 살고 있는 동물을 만난다.

동물원 동물은 행복할까?
(환경부 선정 우수환경도서, 학교도서관저널 추천도서)
동물원 북극곰은 야생에서 필요한 공간보다 100만 배, 코끼리는 1,000배 작은 공간에 갇혀 살고 있다. 야생동물보호운동 활동가인 저자가 기록한 동물원에 갇힌 야생동물의 참혹한 삶.

동물 쇼의 웃음 쇼 동물의 눈물
(한국출판문화산업진흥원 청소년 권장도서, 한국출판문화산업 진흥원 청소년 북토큰 도서)
동물 서커스와 전시, TV와 영화 속 동물 연기자, 투우, 투견, 경마 등 동물을 이용해서 돈을 버는 오락산업 속 고통받는 동물들의 숨겨진 진실을 밝힌다.

고등학생의 국내 동물원 평가 보고서
(환경부 선정 우수환경도서)
인간이 만든 '도시의 야생동물 서식지' 동물원에서는 무슨 일이 일어나고 있나? 국내 9개 주요 동물원이 종보전, 동물복지 등 현대 동물원의 역할을 제대로 하고 있는지 평가했다.

묻다
구제역, 조류독감으로 거의 매년 동물의 살처분이 이뤄진다. 저자는 4800곳의 매몰지 중 100여 곳을 수년에 걸쳐 찾아다니며 기록한 유일한 사람이다. 그가 우리에게 묻는다. 우리는 동물을 죽일 권한이 있는가.

야생동물병원 24시
(어린이도서연구회에서 뽑은 어린이·청소년 책, 한국출판문화산업진흥원 청소년 북토큰 도서)
로드킬 당한 삵, 밀렵꾼의 총에 맞은 독수리, 건강을 되찾아 자연으로 돌아가는 너구리 등 대한민국 야생동물이 사람과 부대끼며 살아가는 슬프고도 아름다운 이야기.

숲에서 태어나 길 위에 서다
(환경부 환경도서 출판 지원사업 선정)
한 해에 로드킬로 죽는 야생동물은 200만 마리다. 인간과 야생동물이 공존할 수 있는 방법을 찾는 현장 과학자의 야생동물 로드킬에 대한 기록.

동물복지 수의사의 동물 따라 세계 여행
(한국출판문화산업진흥원 중소출판사 우수콘텐츠 제작 지원 선정, 학교도서관저널 추천도서)
동물원에서 일하던 수의사가 동물원을 나와 세계 19개국 178곳의 동물원, 동물보호구역을 다니며 동물원의 존재 이유에 대해 묻는다. 동물에게 윤리적인 여행이란 어떤 것일까?

똥으로 종이를 만드는 코끼리 아저씨
(환경부 선정 우수환경도서, 한국출판문화산업진흥원 청소년 권장도서, 서울시교육청 어린이도서관 여름방학 권장도서, 한국출판문화산업진흥원 청소년 북토큰 도서)
코끼리 똥으로 만든 재생종이 책. 코끼리 똥으로 종이와 책을 만들면서 사람과 코끼리가 평화롭게 살게 된 이야기를 코끼리 똥 종이에 그려냈다.

고양이 그림일기
(한국출판문화산업진흥원 이달의 읽을 만한 책)
장군이와 흰둥이, 두 고양이와 그림 그리는 한 인간의 일 년 치 그림일기. 종이 다른 개체가 서로의 삶의 방법을 존중하며 사는 잔잔하고 소소한 이야기.

고양이 임보일기
《고양이 그림일기》의 이새벽 작가가 새끼 고양이 다섯 마리를 구조해서 입양 보내기까지의 시끌벅적한 임보 이야기를 그림으로 그려냈다.

나비가 없는 세상
(어린이도서연구회에서 뽑은 어린이·청소년 책)
고양이 만화가 김은희 작가가 그려내는 한국 최고의 고양이 만화. 신디, 페르캉, 추새. 개성 강한 세 마리 고양이와 만화가의 달콤쌉싸래한 동거 이야기.

우주식당에서 만나
(한국어린이교육문화연구원 으뜸책)
2010년 볼로냐 어린이도서전에서 올해의 일러스트레이터로 선정되었던 신현아 작가가 반려동물과 함께 사는 이야기를 네 편의 작품으로 묶었다.

고양이는 언제나 고양이였다

고양이를 사랑하는 나라 터키의, 고양이를 사랑하는 두 작가가 쓰고 그린 고양이에게 보내는 러브레터.

동물과 이야기하는 여자

SBS 〈TV 동물농장〉에 출연해 화제가 되었던 애니멀 커뮤니케이터 리디아 히비가 20년간 동물들과 나눈 감동의 이야기. 병으로 고통받는 개, 안락사를 원하는 고양이 등과 대화를 통해 문제를 해결한다.

개.똥.승. (세종도서 문학 부문)

어린이집의 교사이면서 백구 세 마리와 사는 스님이 지구에서 다른 생명체와 더불어 좋은 삶을 사는 방법, 모든 생명이 똑같이 소중하다는 진리를 유쾌하게 들려준다.

노견 만세

풀리처상을 수상한 글 작가와 사진 작가의 사진 에세이. 저마다 생애 최고의 마지막 나날을 보내는 노견들에게 보내는 찬사.

강아지 천국

반려견과 이별한 이들을 위한 그림책. 들판을 뛰놀다가 맛있는 것을 먹고 잠들 수 있는 곳에서 행복하게 지내다가 천국의 문 앞에서 사람 가족이 오기를 기다리는 무지개다리 너머 반려견의 이야기.

고양이 천국

(어린이도서연구회에서 뽑은 어린이·청소년 책)

고양이와 이별한 이들을 위한 그림책. 실컷 놀고 먹고, 자고 싶은 곳에서 잘 수 있는 곳. 그러다가 함께 살던 가족이 그리울 때면 잠시 다녀가는 고양이 천국의 모습을 그려냈다.

펫로스 반려동물의 죽음

(아마존닷컴 올해의 책)

동물 호스피스 활동가 리타 레이놀즈가 들려주는 반려동물의 죽음과 무지개다리 너머의 이야기. 펫로스(pet loss)란 반려동물을 잃은 반려인의 깊은 슬픔을 말한다.

깃털, 떠난 고양이에게 쓰는 편지

프랑스 작가 클로드 앙스가리가 먼저 떠난 고양이에게 보내는 편지. 한 마리 고양이의 삶과 죽음, 상실과 부재의 고통, 동물의 영혼에 대해서 써 내려간다.

암 전문 수의사는 어떻게 암을 이겼나

암에 걸린 암 수술 전문 수의사가 동물 환자들을 통해 배운 질병과 삶의 기쁨에 관한 이야기가 유쾌하고 따뜻하게 펼쳐진다.

개, 고양이 사료의 진실

미국에서 스테디셀러를 기록하고 있는 책으로 반려동물 사료에 대한 알려지지 않은 진실을 폭로한다. 2007년도 멜라민 사료 파동 취재까지 포함된 최신판이다.

개가 행복해지는 긍정교육

개의 심리와 행동학을 바탕으로 한 긍정 교육법으로 50만 부 이상 판매된 반려인의 필독서. 짖기, 물기, 대소변 가리기, 분리불안 등의 문제를 평화롭게 해결한다.

개 피부병의 모든 것

홀리스틱 수의사인 저자는 상업사료의 열악한 영양과 과도한 약물사용을 피부병 증가의 원인으로 꼽는다. 제대로 된 피부병 예방법과 치료법을 제시한다.

고양이 질병의 모든 것

40년간 3번의 개정판을 낸 고양이 질병책의 바이블. 고양이가 건강할 때, 이상 증상을 보일 때, 아플 때 등 모든 순간에 곁에 두고 봐야 할 책이다. 질병의 예방과 관리, 증상과 징후, 치료법에 대한 모든 해답을 완벽하게 찾을 수 있다.

우리 아이가 아파요!
개·고양이 필수 건강 백과

새로운 예방접종 스케줄부터 우리나라 사정에 맞는 나이대별 흔한 질병의 증상·예방·치료·관리법, 나이 든 개, 고양이 돌보기까지 반려동물을 건강하게 키울 수 있는 필수 건강백서.

개·고양이 자연주의 육아백과

세계적인 홀리스틱 수의사 피케른의 개와 고양이를 위한 자연주의 육아백과. 40만 부 이상 팔린 베스트셀러로 반려인, 수의사의 필독서. 최상의 식단, 올바른 생활습관, 암, 신장염, 피부병 등 각종 병에 대한 대처법도 자세히 수록되어 있다.

임신하면 왜 개, 고양이를 버릴까?

임신, 출산으로 반려동물을 버리는 나라는 한국이 유일하다. 세대 간 문화충돌, 무책임한 언론 등 임신, 육아로 반려동물을 버리는 사회현상에 대한 분석과 안전하게 임신, 육아 기간을 보내는 생활법을 소개한다.

사람을 돕는 개

(한국어린이교육문화연구원 으뜸책, 학교도서관저널 추천도서)

안내견, 청각장애인 도우미견 등 장애인을 돕는 도우미견과 인명구조견, 흰개미탐지견, 검역견 등 사람과 함께 맡은 역할을 해내는 특수견을 만나본다.

유기견 입양 교과서

보호소에 입소한 유기견은 안락사와 입양이라는 생사의 갈림길 앞에 선다. 이들에게 입양이라는 선물을 주기 위해 활동가, 봉사자, 임보자가 어떻게 교육하고 어떤 노력을 해야 하는지 차근차근 알려 준다.

유기동물에 관한 슬픈 보고서

(환경부 선정 우수환경도서, 어린이도서연구회에서 뽑은 어린이·청소년 책, 한국 간행물윤리위원회 좋은 책, 어린이문화진흥회 좋은 어린이책)

동물보호소에서 안락사를 기다리는 유기견, 유기묘의 모습을 사진으로 담았다. 인간에게 버려져 죽임을 당하는 그들의 모습을 통해 인간이 애써 외면하는 불편한 진실을 고발한다.

버려진 개들의 언덕

인간에 의해 버려져서 동네 언덕에서 살게 된 개들의 이야기. 새끼를 낳아 키우고, 사람들에게 학대를 당하고, 유기견 추격대에 쫓기면서도 치열하게 살아가는 생명들의 2년간의 관찰기.

개에게 인간은 친구일까?

인간에 의해 버려지고 착취당하고 고통받는 우리가 몰랐던 개 이야기. 다양한 방법으로 개를 구조하고 보살피는 사람들의 이야기가 그려진다.

용산 개 방실이

(어린이도서연구회에서 뽑은 어린이·청소년 책, 평화박물관 평화책)

용산에도 반려견을 키우며 일상을 살아가던 이웃이 살고 있었다. 용산 참사로 갑자기 아빠가 떠난 뒤 24일간 음식을 거부하고 스스로 아빠를 따라간 반려견 방실이 이야기.

치료견 치로리

(어린이문화진흥회 좋은 어린이책)

비 오는 날 쓰레기장에 잡종개 치로리. 죽음 직전 구조된 치로리는 치료견이 되어 전신마비 환자를 일으키고, 은둔형 외톨이 소년을 치료하는 등 기적을 일으킨다.

대단한 돼지 에스더

(학교도서관저널 추천도서)

인간과 동물 사이의 사랑이 얼마나 많은 것을 변화시킬 수 있는지 알려 주는 놀라운 이야기. 300킬로그램의 돼지 덕분에 파티를 좋아하던 두 남자가 채식을 하고, 동물보호 활동가가 되는 놀랍고도 행복한 이야기.

채식하는 사자 리틀타이크
(아침독서 추천도서, 교육방송 EBS 〈지식채널e〉 방영)
육식동물인 사자 리틀타이크는 평생 피 냄새와 고기를 거부하고 채식 사자로 살며 개, 고양이, 양 등과 평화롭게 살았다. 종의 본능을 거부한 채식 사자의 9년간의 아름다운 삶의 기록.

동물을 만나고 좋은 사람이 되었다
(한국출판문화산업진흥원의 출판콘텐츠 창작 자금 지원 선정)
개, 고양이와 살게 되면서 반려인은 동물의 눈으로, 약자의 눈으로 세상을 보는 법을 배운다. 동물을 통해서 알게 된 세상 덕분에 조금 불편해 졌지만 더 좋은 사람이 되어 가는 개·고양이에 포섭된 인간의 성장기.

동물을 위해 책을 읽습니다
(국립중앙도서관 사서 추천 도서, 한국출판문화산업진흥원 중소출판사 우수콘텐츠 제작지원 사업 선정)
우리는 동물이 인간을 위해 사용되기 위해서만 존재하는 것처럼 살고 있다. 우리는 우리가 사랑하고, 함께 입고 먹고 즐기는 동물과 어떤 관계를 맺어야 할까? 100여 편의 책 속에서 길을 찾는다.

후쿠시마에 남겨진 동물들
(미래창조과학부 선정 우수과학도서, 환경부 선정 우수환경도서, 환경정의 청소년 환경책)
2011년 3월 11일, 대지진에 이은 원전 폭발로 사람들이 떠난 일본 후쿠시마. 다큐멘터리 사진작가가 담은 '죽음의 땅'에 남겨진 동물들의 슬픈 기록.

후쿠시마의 고양이
(한국어린이교육문화연구원 으뜸책)
2011년 동일본 대지진 이후 5년. 사람이 사라진 후쿠시마에서 살처분 명령이 내려진 동물을 죽이지 않고 돌보고 있는 사람과 함께 사는 두 고양이의 모습을 담은 평화롭지만 슬픈 사진집.

햄스터
햄스터를 사랑한 수의사가 쓴 햄스터 행복·건강 교과서. 습성, 건강관리, 건강식단 등 햄스터 돌보기 완벽 가이드.

토끼
토끼를 건강하고 행복하게 오래 키울 수 있도록 돕는 육아 지침서. 습성·식단·행동·감정·놀이·질병 등 모든 것을 담았다.

동물학대의 사회학

초판 1쇄 2018년 8월 24일
초판 3쇄 2022년 6월 6일

글쓴이 클리프턴 P. 플린
옮긴이 조중헌

펴낸이 김보경
펴낸곳 책공장더불어

편 집 김보경
교 정 김수미

디자인 나디하 스튜디오(khj9490@naver.com)
인 쇄 정원문화인쇄

책공장더불어

주 소 서울시 종로구 혜화동 5-23
대표전화 (02)766-8406
팩 스 (02)766-8407
이메일 animalbook@naver.com
홈페이지 http://blog.naver.com/animalbook
페이스북 @animalbook4 **인스타그램** @animalbook.modoo
출판등록 2004년 8월 26일 제300-2004-143호

ISBN 978-89-97137-30-5 (93330)